Habilidades para el Fútbol

Mejora la Posesión y los Pases de tu Equipo a través de Ejercicios de Primera Categoría

Chest Dugger

Tabla de Contenido

Regalo Incluido 4

ACERCA DEL AUTOR 6

DESCARGO DE RESPONSABILIDAD 8

Introducción 9

Trabajo En Equipo - La Importancia De La Posesión Y Los Pases 12

La Mentalidad Del Equipo - Incorporando Al Jugador "Estrella" 23

Ejercicios De Pases Individuales 29

Ejercicios De Pases En Equipo 47

Ejercicios de Posesión Individual 66

Ejercicios De Posesión En Equipo 78

Conclusión 91

Regalo Incluido

Como parte de nuestra dedicación para ayudarte a tener éxito en tu carrera, te hemos enviado una hoja de ejercicios de fútbol gratis. Esta es la hoja de ejercicios llamada "Hoja de trabajo de entrenamiento de fútbol". Es una lista de ejercicios que puedes usar para mejorar tu juego; así como una metodología para rastrear tu desempeño en estos ejercicios en el día a día. Queremos llevarte al siguiente nivel.

Haz clic en el siguiente enlace para obtener tu hoja de ejercicios gratis.

https://soccertrainingabiprod.gr8.com/

También puedes conseguir este audiolibro gratis en Audible junto con una membresía gratis de 1 mes en esta plataforma. Sólo tienes que inscribirte usando el enlace de abajo:

https://www.audible.com/pd/B07G24HPWN/?source_code=AUDFPWS0223189MWT-BK-ACX0-23516&ref=acx_bty_BK_ACX0_123516_rh_us

ACERCA DEL AUTOR

Chest Dugger es el seudónimo de nuestra marca de entrenamiento de fútbol, Abiprod. Proporcionamos consejos de alta calidad para el entrenamiento, ejercicios, acondicionamiento físico y consejos de mentalidad para asegurar tu éxito.

Hemos sido fanáticos del deporte durante décadas. Como todos los fanáticos del fútbol alrededor del mundo, vemos y practicamos este hermoso juego tanto como podemos. Ya sea que seamos fans del Manchester United, del Real Madrid, Arsenal o LA Galaxy; compartimos un amor común por el deporte.

A través de nuestras experiencias, hemos notado que hay muy poca información para el común de los aficionados al fútbol que quiere intensificar su juego y llevarlo al siguiente nivel. O hacer que sus hijos empiecen en este camino. Hay demasiada información en la web y fuera de ella que es demasiado básica.

Siendo apasionados por el juego, queremos hacer llegar el mensaje a tanta gente como sea posible. A través de nuestro blog de entrenamiento de fútbol, nuestros libros y productos; nuestro objetivo es llevar un entrenamiento de fútbol de alta calidad al mundo. Cualquiera que sea apasionado por este bello juego puede usar nuestro tácticas y estrategias.

DESCARGO DE RESPONSABILIDAD

Copyright © 2020 Todos los derechos reservados

Ninguna parte de este libro puede ser transmitida o reproducida en ninguna forma, incluyendo la impresa, electrónica, fotocopia, escaneo, mecánica o grabación, sin el permiso previo por escrito del autor.

Si bien el autor ha hecho todo lo posible por garantizar la exactitud del contenido escrito, se aconseja a todos los lectores que sigan la información aquí mencionada por su cuenta y riesgo. El autor no se hace responsable de ningún daño personal o comercial causado por la información. Se alienta a todos los lectores a que busquen asesoramiento profesional cuando lo necesiten.

Introducción

El fútbol es el deporte más popular del mundo. En el verano de 2018, las próximas finales de la Copa Mundial tendrán lugar en Rusia, con la participación de algunos de los mejores (y quizás más afortunados) equipos del mundo. La competición verá a los equipos divididos en mini ligas, según sus clasificaciones mundiales y un sorteo. Los dos primeros equipos de cada grupo pasan a las fases eliminatorias.

Los dos mejores competirán en la final. Hay una apuesta más que razonable de que el actual campeón, Alemania, volverá a levantar el trofeo, aunque Brasil, Argentina, España y Francia se confían de sus posibilidades. Los belgas tienen el equipo soñado, y podrían triunfar, mientras que los de Arabia Saudita y Panamá deberían aprovechar al máximo su tiempo en Europa del Este - probablemente será de corta duración. En cuanto a Rusia, el lado más bajo de la competencia, bueno, ¿quién sabe? La ventaja de jugar en casa puede contar mucho.

Este breve enfoque sobre la Copa Mundial es de gran relevancia para el libro que sigue. Considera el equipo de abajo:

Porteros: Jan Oblak, fiel a los gigantes españoles el Atlético Madrid - un equipo cuyo reciente éxito en desafiar a los gigantes establecidos de La Liga, Real Madrid y Barcelona, se ha construido sobre una defensa valiente y desafiante; Gianluigi Buffon, legendario jugador entre los postes.

Defensores: David Alaba, el pivote del Bayern de Múnich; Antonio Valencia, el extremo del Manchester United; y Virgil van Dijk, el defensa más valorado de la Premier League inglesa, que acaba de ser transferido por una cantidad récord (para un defensa) que se acerca a los 100 millones de dólares, Giorgio Chiellini, un defensa central duro y sin tonterías con más de un toque de habilidad.

Mediocampistas: Christian Pulisic, el bien considerado centrocampista de Borussia Dortmund; Arjen Robben, el mago del Bayern de Múnich y ex mago del Chelsea por el ala; Daniele De Rossi, un centrocampista defensivo que entraría en cualquier equipo del mundo.

Atacantes: Alexis Sánchez, en el momento de escribir este artículo, es el destacado jugador del Arsenal de Europa; Gareth Bale, el maestro del ataque del Real Madrid; Pierre Emerick Aubameyang, uno de los delanteros más prometedores del planeta.

Aquellos de ustedes con buenos conocimientos de fútbol se darán cuenta de que estos grandes jugadores, junto con muchos más, son algunos de los gigantes del juego que no aparecerán en las finales de la Copa Mundial, aparte de quizás en el recuadro de comentarios, en la silla de los expertos o en las columnas de los periódicos de junio de 2018.

¿Cómo puede ser esto? ¿Cómo es posible que esas personas no representen a sus países en el escenario más grande de todos? La respuesta, como sabemos, es que el fútbol es un juego de equipo, donde los talentos colectivos de los jugadores superan las habilidades individuales del maestro. Los grandes equipos, naturalmente, incorporan tales talentos dentro de su plantilla, pero es muy frecuente que un equipo que trabaja en conjunto y se combina bien supere a un equipo compuesto por individuos más talentosos que son jugadores de equipo menos efectivos.

Y el secreto del éxito es la posesión del balón. El pase, y la posesión que esto ayuda a retener, son realmente dos de las partes más importantes del juego de un equipo de fútbol. Este libro analizará varias formas en que tanto los entrenadores como los jugadores pueden mejorar estos aspectos del rendimiento de su propio equipo.

Trabajo En Equipo - La Importancia De La Posesión Y Los Pases

Hay un dicho en el fútbol, uno bastante obvio, que dice algo así como "No puedes marcar si no tienes el balón... y el contrario no pondrá el balón en la red si lo tienes". Los astutos rápidamente señalan "sus propios objetivos", pero nos hacemos una idea. Ciertamente, a algunos equipos les gusta jugar al contraataque, utilizando pases rápidos y velocidad para atrapar al oponente durante la transición (el punto en el que se pierde o se recupera el balón). Más adelante en el capítulo veremos a los equipos que les gusta jugar al contraataque, pero como regla general, cuanto más tiempo tenga tu equipo el balón, más probabilidades hay de que marquen y menos probabilidades hay de que les anoten un gol.

En términos generales, se ve que hay tres fases en el fútbol. Ofensiva, o ataque, cuando tu equipo tiene el balón; defensa, cuando tu equipo no tiene el balón, y transición, la etapa entre los dos.

Por lo tanto, tiene sentido que un equipo desee estar al ataque más que a la defensiva, es decir, tener el balón en su posesión más que dejarlo con el oponente.

Hay cinco elementos para retener la posesión, y veremos cada uno por separado. Estas etapas, sin ningún orden en particular, son la recepción del balón y el control del mismo; el dribleo, el pase, la comunicación y el movimiento del balón.

Recibiendo el balón/control

El balón puede ser recibido por cualquiera de los dos pies en el suelo, en el aire usando los pies hasta la altura de la rodilla; en el muslo; en el pecho y con la cabeza. Hay entonces tres posiciones a través de las cuales el jugador puede recibir el balón, estas son, cabeza con espalda a la portería; a medio giro; y un pase corriendo.

Veamos cada uno de estos con un poco más de detalle.

Los pies en el suelo: Los mejores jugadores deben sentirse cómodos recibiendo el balón con cualquier pie. Practicar con el pie más débil, incluso algo tan simple como golpear la pelota contra una pared y controlarla cincuenta veces al día, pronto hará que el pie menos cómodo sea más que algo para estar de pie. El pie debe "amortiguar" la pelota al tocarla, parándola ligeramente, y "dándole" un pequeño toque. Esto significa que no rebotará, ni quedará atrapada bajo el pie. El peso debe estar sobre el balón, y el cuerpo debe estar detrás de la pelota tanto como sea posible, para evitar que un oponente se lo robe. Controlar un pase con los pies en el suelo es el método más fácil y por eso la mayoría de los entrenadores fomentan los pases "en cubierta". El balón suele controlarse con la parte interior del pie, pero utilizando la parte exterior es posible girar rápidamente, venciendo a tu marcador. El control con los dedos de los pies, una habilidad difícil, levantará ligeramente el balón y podría sacar una falta de un marcador apretado, mientras se lanza en búsqueda del balón, pensando que ha sido mal controlado.

En el aire: Es importante en este punto que el receptor se ponga en posición lo antes posible. Debería hacer un chequeo para ver qué tipo de presión puede ejercer la defensa sobre él, y doblar la rodilla del pie receptor para dejar la pierna en un triángulo. El control está en el empeine. Si hay presión, normalmente un jugador controlará con su primer toque y hará un pase con su segundo. Los compañeros de equipo pueden anticiparse a esto, poniéndose en posición si sienten que es probable un pase temprano.

El tipo de pase aéreo que requiere control de esta manera puede ser usado para poner desviar un poco la pelota permitir que sea jugada alrededor de un oponente, y, a menudo atrae a un defensor hacia adelante lo que puede crear un pequeño espacio detrás de este jugador.

Control con el muslo: Una habilidad más difícil de nuevo. El muslo de la pierna receptora se adelanta ligeramente y la rodilla se dobla para crear un triángulo. No debe ser demasiado inclinada, ya que debe exponerse la máxima superficie posible del muslo. Dado que el equilibrio es más difícil de mantener aquí, porque es probable que la pierna receptora no esté en el suelo, y el peso se encuentra sobre ella, los brazos deben estar fuera para dar equilibrio. Esto también hace más difícil para un defensor moverse y hacer una internada.

Control con el pecho: El receptor debe comprobar los desafíos que probablemente se presenten, extender sus brazos para formar un área tan grande como sea posible y asegurarse de que su cuerpo sigue protegiendo la pelota mientras la recibe. Los jugadores más experimentados cerrarán sus brazos en el último minuto para hacer que el balón caiga a sus pies más rápidamente, y una buena habilidad para practicar es torcer el cuerpo al recibirlo para dirigir el balón a un compañero. Este "pase de pecho" a un compañero de equipo en carrera puede realmente crear espacio y conducir a una carrera y ataque, especialmente alrededor del área de penalización donde el espacio puede ser estrecho y un pase a lo largo del suelo es difícil de orquestar.

Cabezazo: Hay muchos tipos de cabezazos, pero como estamos buscando retener la posesión aquí, en lugar de intentar un gol o despejar el balón, nos centraremos en dos tipos - el pase de cabeza y el cabezazo amortiguado. El golpe está diseñado para poner el balón en el espacio detrás de la defensa para que un atacante corra hacia él. Para tener éxito tiene que haber un buen entendimiento entre el delantero y su compañero de equipo. Ambos necesitan anticiparse a la jugada, para permitir que la carrera se haga en el momento oportuno. Por lo general, el jugador que cabecea el balón será marcado por el último defensor, y si la salida del balón no está bien cronometrada, el jugador caerá en fuera de juego. Hay poca fuerza detrás del golpe, el balón sólo (para decir lo obvio) es golpeado por la cabeza del atacante. El movimiento del balón lo lleva al espacio detrás de la defensa. El pase de cabeza puede ser efectivo, pero no es una buena manera de retener la posesión. En primer lugar, es probable que el pasador esté bajo presión y, por lo tanto, controlar el golpe es difícil; en segundo lugar, a menudo un equipo defensor dejará caer a un defensor en anticipación del movimiento. El cabezazo amortiguado es un cabezazo controlado y dirigido a un compañero cercano, a menudo el portero. Aquí, el cuerpo se sostiene con firmeza y la cabeza dirige el balón al compañero, relajándose ligeramente al contacto con el balón para quitarle velocidad al pase.

A continuación, consideraremos las tres formas en que se mantiene la posesión al recibir el pase.

Medio giro: Esta es la forma más efectiva de recibir un pase y retener la posesión. Aquí, el hombro se dirige hacia el pasador, y el cuerpo se tuerce para recibir el balón entre 30 y 45 grados. El cuerpo está ligeramente agachado, con las rodillas sueltas y ligeramente dobladas, para permitir un centro de gravedad fuerte y bajo, además de movimiento en todas las direcciones. El balón puede ser recibido en el empeine para permitir un pase de regreso, o para mover el balón hacia adelante (si no hay presión) o hacia la propia meta del jugador (si se siente algo de presión); también puede ser recibido un pase de tres dedos que permita un giro para hacerse espacio o vencer a un defensor, un punteo para levantar el balón y ganar un poco de tiempo, o alentar una internada para ganar un tiro libre.

Observa a los jugadores de más alto nivel, su recepción del balón es a menudo con un medio giro. El primer toque aquí es muy importante, ya que menos del cuerpo está protegiendo el balón, y si el toque es pobre, es probable que se pierda la posesión. Los cazatalentos de los clubes profesionales y los que enseñan a los niños para los niveles más altos, normalmente observarán el primer toque del jugador - si éste falla, es poco probable que el jugador sea seleccionado para pruebas de un nivel más avanzado.

Espalda a la meta: Los brazos están extendidos para mantener equilibrio y la protección. El cuerpo protege el balón, con la espalda hacia la meta del adversario. La comunicación es importante, donde los compañeros de equipo le dicen al receptor si tiene tiempo de girar, si está bajo presión de cierre, o si necesita una separación de uno o dos toques. A menudo con este tipo de recibo, el jugador pondrá el balón hacia atrás hacia la dirección en que está mirando, es decir, hacia su propia meta, a un compañero de equipo con más espacio, y luego hará un movimiento hacia el espacio por sí mismo. "Espalda a la meta" puede ser un término ligeramente engañoso, ya que esta forma de recibir el balón también puede ser de un pase lateral, donde el jugador tiene su espalda a la línea de banda, aunque esto por lo general sólo será en y alrededor del área de penalización de ataque.

Corriendo hacia la pelota: Es un pase de ataque al espacio para que un jugador drible, pase o cruce. Un pase que permite correr hacia el balón inyecta ritmo en un ataque, mientras el equipo sigue manteniendo la posesión.

Dribleo

En esta jugada el futbolista corre con el balón, o derrota a un oponente con la pelota bajo control. El dribleo es emocionante de ver, compromete a los defensores y puede crear espacio para el equipo en posesión. Los mejores jugadores muestran paciencia y conciencia de juego al driblar. Ellos decidirán cuándo volverse atrás, tal vez para dar un pase a un compañero de equipo, o esperar a que un jugador pase corriendo para crear un espacio para ellos (si su defensor sigue la carrera) o para hacer un simple pase al espacio para este atacante.

Los jugadores más débiles, con menos comprensión del juego, se aferran al balón durante demasiado tiempo, perdiendo la oportunidad de pasar a un jugador en una posición mejor, o tratando de derrotar a un defensor en exceso y perdiendo la posesión.

Comunicación

Todos los aspectos del fútbol requieren una buena comunicación. Esto es especialmente cierto si el objetivo es mantener la posesión. La comunicación da más información a los compañeros de equipo que la que pueden ver, sentir u oír. También da una idea de lo que el comunicador está a punto de hacer. Ve a ver un partido profesional y siéntate cerca del campo, y el ruido de los jugadores es incesante, se comunican entre ellos continuamente. Este es un buen objetivo para cualquier nivel o edad del equipo.

Debido a que los jugadores en posesión pueden estar bajo presión, o jugando a gran velocidad, la comunicación debe ser simple y directa. Palabras como "Giro" o "Línea" son más efectivas que las frases de varias palabras - ¡este tipo de comunicación más amigable puede darse durante un descanso en el juego!

Pases

En gran medida, hemos tratado la importancia de pasar para mantener la posesión en la sección sobre el control. Sin embargo, un lado que pierde la posesión puede a menudo remontarse a un mal pase - un pase levantado cuando uno en el suelo hubiera sido mejor podría llevar al receptor a encontrar más difícil de controlar el balón, y por lo tanto ser puesto bajo más presión por un oponente - el pase posterior podría por lo tanto carecer de precisión, o ser precipitado, llevando a una transferencia de la posesión.

El movimiento de la pelota

Los jugadores que se mueven bien con el balón hacen que sea más fácil para el equipo mantener la posesión. Estos son los jugadores desinteresados, preparados para trabajar por el bien del equipo, para ponerse en posición para un pase que tal vez nunca llegue. Pero sus corridas crean espacio. Ese espacio viene o bien a ellos mismos, porque se han topado con él y le han dado al jugador en posesión una opción fácil para un pase. O ese espacio puede ser creado para un compañero de equipo, porque alejan a un defensor. Una razón clave por la que los equipos que juegan bien juntos son más exitosos que los de individuos con talento es la voluntad de hacer la vida más fácil a los compañeros de equipo. Los jugadores simplemente mejoran cuando tienen tiempo.

Jugando en el descanso

Hemos promovido el valor y la importancia de mantener la posesión, y seguimos apoyando esto como la mejor manera de tener éxito. Sin embargo, algunos equipos se preparan para jugar en el descanso. Esto podría deberse a que reconocen que son más débiles que el oponente, y desean mantener su estructura defensiva la mayor parte del tiempo antes de golpear rápidamente en el punto de transición. También podría ser que los jugadores encajen bien en este sistema. Sea como sea, es muy difícil jugar en el descanso sin alejarse de la pelota y manteniendo la velocidad.

La clave para jugar en el descanso es ser muy organizado. En primer lugar, las estructuras defensivas y del mediocampo deben ser sólidas, para hacer que el oponente pierda la posesión y permitir la fase de transición. En segundo lugar, los jugadores deben reconocer cuando la posesión está a punto de perderse, y conocer sus responsabilidades en este punto de transición.

Hay que crear rápidamente opciones de pases para explotar la desorganización del lado que acaba de perder la posesión, y el balón debe moverse rápidamente, con pases precisos al espacio y buenas habilidades de dribleo. Finalmente, no todos los descansos resultarán en un tiro a puerta, lo que significa que es probable que la transición cambie de nuevo. Por lo tanto, el lado que golpea en el descanso necesita también retener su propia estructura defensiva en previsión de perder la posesión de nuevo.

El punto de terminar en un tiro es importante; uno de los elementos clave de jugar en el descanso es que debe haber un intento de gol al final. Aunque no resulte en una anotación, el disparo da tiempo al equipo atacante para reorganizarse (a partir del saque de meta resultante, por ejemplo) después de la jugada.

La Mentalidad Del Equipo - Incorporando Al Jugador "Estrella"

El jugador estrella. A menudo es causa de sentimientos encontrados entre los aficionados, entrenadores y compañeros de equipo. Por supuesto, debemos tener cuidado con las generalizaciones. Hay muchos "especiales" del más alto nivel que también son excelentes jugadores de equipo. Lionel Messi es, aparentemente, un gran tipo que lo da todo por sus compañeros de equipo. Steven Gerrard, el antiguo mediocampo central del Liverpool e Inglaterra, fue brillante con los miembros más jóvenes del equipo.

Otros, sin embargo, reconocen su brillantez y pueden parecer intolerantes con las menores habilidades de sus colegas. Sin embargo, integrar a la estrella rebelde es el trabajo del entrenador. Conseguir que un jugador de este tipo se comprometa con los métodos del equipo puede llevar a que ese jugador aporte mucho para el éxito del equipo.

Consideremos las características típicas de la estrella rebelde.

- A menudo, a jugadores como estos les resulta difícil aceptar los objetivos del equipo a menos que se hagan explícitos.
- Cuestionan las prácticas y procedimientos esperados.
- A menudo son muy creativos, tanto en su juego como en su comprensión del flujo del juego.
- Los rebeldes pueden carecer de sus propias habilidades para expresar sus puntos de vista o hacer sus preguntas. Esto puede etiquetarlos como arrogantes.
- A menudo tienen una oposición innata a la autoridad.
- Les puede resultar difícil seguir con toda la gama de personalidades de un equipo, y pueden llegar a ser intolerantes con los que tienen menos habilidad.

El desafío para el entrenador es, por lo tanto, integrar al jugador estrella en el equipo, dándole la satisfacción que sus talentos merecen y, lo que es más importante, elevando la calidad de las actuaciones y resultados del equipo.

Podemos tomar cada uno de los puntos mencionados anteriormente por turnos.

Dificultad para aceptar los objetivos del equipo: Esto es a menudo porque o bien no se le aclara completamente al jugador, o tiene lo que cree que es una mejor manera de hacer las cosas. Pero hay métodos que deben emplearse para integrar a estos jugadores en los objetivos. En primer lugar, se podría animar al deportista estrella a contribuir con ellos - después de todo, son los que probablemente van a desempeñar el mayor papel en los partidos. En segundo lugar, el rebelde tendrá que saber claramente su propio papel, para evitar que intente jugar en todas las posiciones y hacer todo. Por lo tanto, esas responsabilidades deben negociarse y explicarse claramente, y luego practicarse en sesiones de capacitación. Por último, asegúrate de que el rebelde (junto con el resto del equipo) es plenamente consciente del panorama general que esos objetivos están diseñados para satisfacer.

Desafiando las prácticas existentes: ¿Por qué no? Las ideas del rebelde, como las de cualquier otro jugador, podrían llevar a mejoras en el equipo. El hecho de que desafíe la metodología habitual, junto con nuestra envidia natural hacia un individuo con más talento, significa que podemos negarnos a sus sugerencias. Sin embargo, los mejores entrenadores, al igual que los mejores gerentes en los negocios, la salud, la educación, las finanzas y así sucesivamente, dan la bienvenida a las ideas de sus jugadores más fuertes. Están abiertos a sugerencias, y preparados para escuchar y probar los pensamientos de su equipo. El tipo de entrenador que aleja al jugador estrella por ofrecer sus puntos de vista es el tipo de entrenador que es demasiado sensible, e incómodo con su propia autoridad. No es el jugador el que tiene el problema aquí... y es probable que se lleve sus talentos a otra parte en poco tiempo.

Creatividad: El jugador estrella de este tipo necesita la oportunidad de expresarse durante los partidos, por lo que su papel en la estructura del equipo debe permitirlo. Al mismo tiempo, delegar la responsabilidad durante el entrenamiento para resolver los problemas del conjunto sacará lo mejor del rebelde, y le ayudará a integrarse con sus compañeros.

Interrogatorio: El buen entrenador reconocerá que las preguntas del jugador estrella pueden no ser planteadas de la mejor manera, pero responderá de manera positiva y honesta, y sin juzgar. Cuando este jugador siente que se le ha aplicado la ley del hielo a su legítima pregunta, se perderá el respeto, y junto con esto, su apoyo.

Oposición a la autoridad: El entrenador debe asumir la responsabilidad de tomar la decisión final. Los jugadores deben respetar esto, pero el jugador estrella necesita que se le dé la oportunidad de ofrecer su aporte, junto con los jugadores veteranos y, a veces, los nuevos miembros del equipo. Si el jugador estrella ve a la unidad como un equipo, con el entrenador desempeñando un papel diferente, pero sin embargo importante para el bien colectivo, entonces la autoridad que tiene es merecida, en lugar de simplemente esperada, por ende, es probable que sea más solidario.

Llevarse bien con los compañeros de equipo: Si el jugador estrella, o cualquier otro miembro del equipo, no se lleva bien con sus compañeros, esto sólo es un problema si se le permite convertirse en uno. Los equipos en muchas partes de la vida no están necesariamente compuestos de amigos, sino simplemente de personas que pueden trabajar juntos de manera efectiva. Son las habilidades de gestión del entrenador las que pueden crear el ambiente para que esto ocurra.

Por lo tanto, podemos concluir que un entrenador exitoso integrará a su jugador estrella en el equipo. Pero muchas de las formas de hacerlo, como se ha señalado anteriormente, son las que pueden y deben aplicarse a todos los miembros del equipo para obtener el mejor resultado. Al final, todo se reduce a las habilidades de gestión, y a encontrar las formas más eficaces de sacar el máximo provecho de cada uno de los jugadores para lograr los objetivos del equipo.

Sin embargo, en última instancia, ninguna persona es más grande que el equipo. Eso incluye al entrenador. También incluye a los jugadores por individual, incluso si son los mejores que tienes.

Ejercicios De Pases Individuales

Información general sobre los diagramas

La mayoría de los ejercicios descritos en los siguientes capítulos incluyen un simple diagrama explicativo. Para estos, los puntos representan a los jugadores y las líneas se refieren al movimiento de la pelota (blanco) y al movimiento de los jugadores (negro). A veces, se utiliza un cuadrado para mostrar la necesidad de una cuadrícula (pintada o hecha de conos) y se añaden líneas para dividir las áreas del campo. Un pequeño círculo gris representa la pelota. Siempre que sea posible, los "jugadores" blancos representan el lado en posesión y los negros (más ocasionalmente los grises) representan el lado contrario.

Otro punto que hay que tener en cuenta, sobre todo si se trata de adaptar estos ejercicios a las necesidades particulares de tu propio equipo, o de atender tus propios requisitos como jugador, es que una vez que se complican demasiado, pierden su eficacia. El objetivo de los ejercicios es practicar una técnica particular, mantén ese objetivo en la vanguardia de tu pensamiento.

Ejercicio uno - El relevo

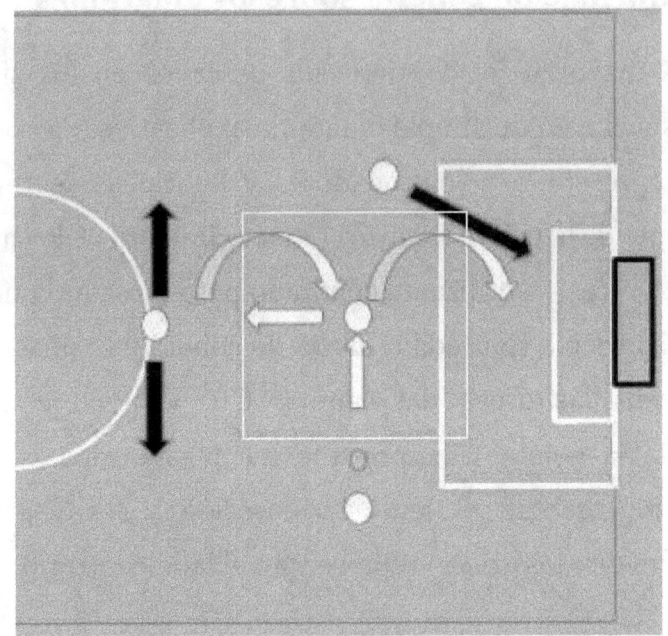

Este ejercicio es uno que ayudará a los jugadores individuales a obtener un rápido y efectivo control del balón. Luego les ayudará a pasar con el primer o segundo toque para inyectar velocidad en un ataque, proteger el balón o hacer un contraataque (un ataque en la transición) con velocidad y precisión.

Cuatro jugadores atacantes hacen uso de una cuadrícula o cuadro, de unos 12 x 12 metros. Esto puede ser configurado con conos, o marcado en el área de entrenamiento. De hecho, una serie de tales cuadrículas, por ejemplo 3 x 2, es un excelente recurso para el número de ejercicios.

Los cuatro jugadores atacantes se alinean con uno en tres lados de la cuadrícula, y el cuarto en el centro. Recuerda, el objetivo es controlar el balón y relevarlo con uno o dos toques como máximo.

Los jugadores del exterior de la cuadrícula pasan la pelota al jugador del centro, que es el que más gana con el ejercicio. (Por esta razón, las posiciones deben ser rotadas regularmente). La pelota puede ser pasada con los pies, por el suelo, en el muslo, en el pecho y en la cabeza. El jugador del centro ajusta sus pies para ponerse en posición de controlar el balón correctamente, y lo deja (ya sea de vuelta al pasador, y a menudo a uno de los otros jugadores) - a veces con el primer toque, a veces con el segundo. Los "pasadores" deben ser móviles en su línea, para permitir al jugador central encontrar diferentes ángulos para su relevo. A veces el pasador puede lanzar la pelota para un cabezazo amortiguado o un pase de cabeza.

Con el pase de cabeza, uno de los pasadores "de repuesto" corre al lado no utilizado del cuadrado para tomar posesión.

Las habilidades clave que hay que tener en cuenta son:

- La posición del cuerpo al recibir la pelota – debes animar el medio giro con el hombro inclinado hacia el pasador.
- Brazos fuera para mantener el equilibrio.
- Amortiguar el balón en control
- Un relevo firme.
- La velocidad en el simulacro, debería ser una práctica rápida.

Desarrollo

Añadiendo un defensor para presionar al receptor, la práctica se vuelve más realista para la situación del juego.

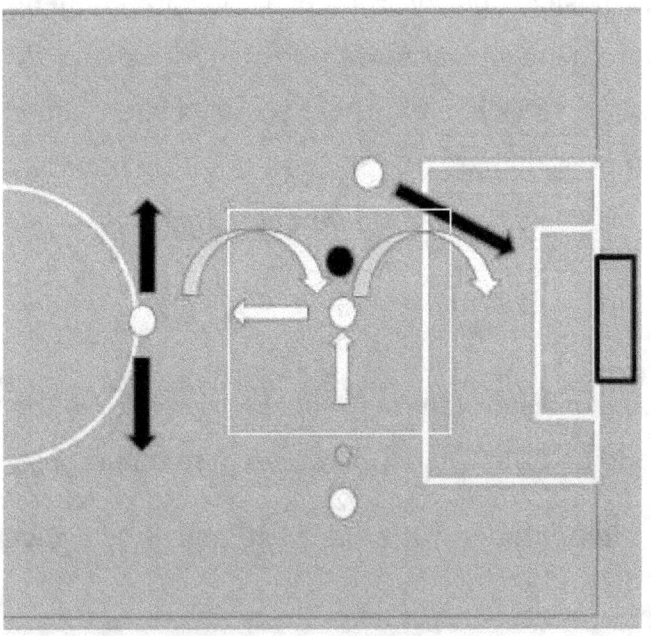

Ejercicio dos: Pase y disparo

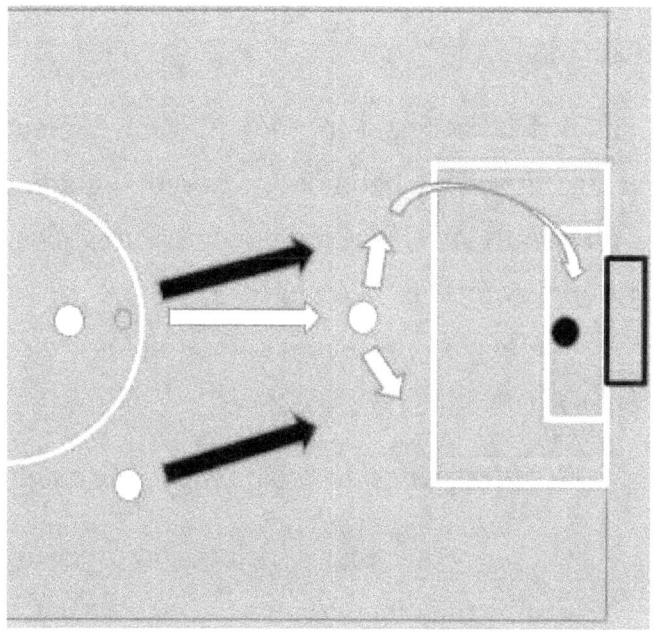

Como muchos de los mejores ejercicios, Pase y Disparo ofrece un enfoque en la habilidad a tratar, pero también ofrece una situación de juego realista ayudando a desarrollar otras técnicas importantes. Tiene, en su forma básica, cuatro jugadores - tres jugadores ofensivos y un portero. Un jugador se encuentra en el borde de la D del área penal. La pelota es pasada a este jugador por otro aproximadamente a 10 o 15 metros de distancia. Este pasador se conecta a su pase para un relevo. Un tercer atacante corre hacia el área de penalti al otro lado del receptor central. Este jugador central en el borde de la D deja el balón con un pase corto a uno de los compañeros que se acercan, que dispara por primera vez o después de un toque.

El balón debe ser pasado a los pies inicialmente, pero a medida que los niveles de habilidad mejoran el balón puede ser pasado en diferentes niveles. Los jugadores más jóvenes verán rápidamente que levantar el balón hace más difícil para el receptor central dejar el balón con precisión, animándolos a mantenerlo a nivel del suelo.

Las habilidades clave que hay que tener en cuenta son:

- Patear la pelota con precisión, seguida de una inmediata carrera.
- La comunicación de los dos corredores en cuanto a dónde quieren que se juegue la pelota.
- El receptor juega un pase amortiguado para que los delanteros en carrera puedan golpear el balón por primera vez si es posible, pero definitivamente después de un toque.

- Posición del cuerpo del receptor, ya sea con la espalda a la meta, o a medio giro. Ambas posiciones deben ser practicadas.

Desarrollo

Hay muchas maneras de desarrollar este ejercicio. En primer lugar, en el ejemplo de abajo, el receptor deja la pelota a lo ancho, para el extremo haciendo la carrera. El extremo hace un pase cruzado para los dos atacantes que están ahora en el área de penalización.

Una vez que esto se domina, el desarrollo puede ir aún más lejos. El pasador inicial corre primero hacia el poste lejano y luego acelera hacia el poste cercano. El receptor inicial gira y corre hacia el poste lejano. Aquí, el extremo busca llegar a la línea de meta para un cruce, con el fin de dar tiempo a sus compañeros de equipo para ponerse en posición.

Tirar de la pelota hacia atrás desde la línea de meta es una estrategia de ataque efectiva.

En el futuro, se puede añadir defensores. En primer lugar, uno para ejercer presión sobre el receptor, para asegurarse de que su control es bueno, y que la posición del cuerpo protege la pelota.

Luego se puede agregar un segundo defensor para rastrear a los corredores.

Aunque la incorporación de los defensores convierte el ejercicio en una actividad más de equipo que individual, todavía se están desarrollando técnicas específicas de pase (pase a los pies, relevo y cruce).

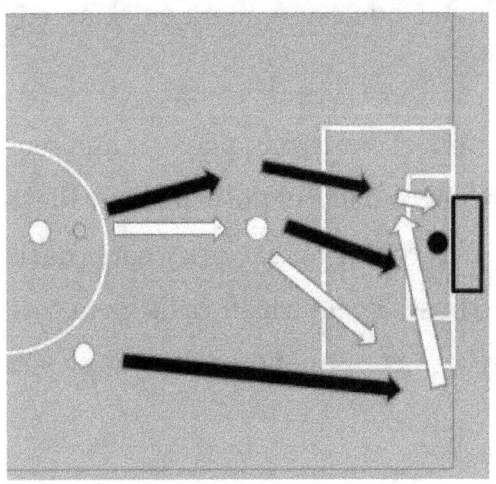

Ejercicio tres – Pase simple

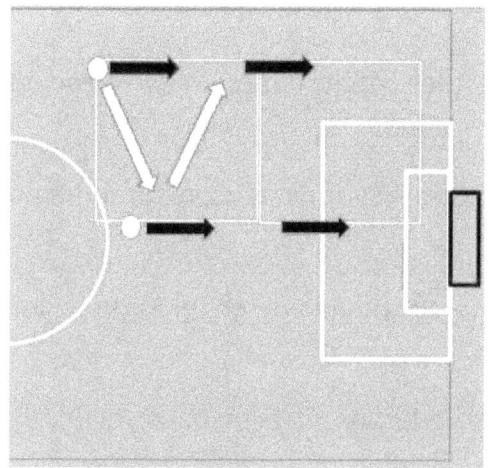

Este ejercicio ejemplifica el valor de la simplicidad. Involucra a dos jugadores, y se juega mejor usando rejillas, pero éstas no son absolutamente necesarias. La primera etapa es que los jugadores hagan pases en diagonal a través de la rejilla, el compañero de equipo se mueve hacia el balón, da un toque, y luego pasa de vuelta. Este entrenamiento puede evolucionar rápidamente a que los jugadores usen diferentes técnicas de pase y control, por ejemplo, un jugador levanta un pase, su compañero de equipo lo controla y luego lo vuelve a dejar en el suelo.

Otra forma de hacer el ejercicio más duro es hacer el pase a la primera vez. Esto requiere una mayor concentración de los jugadores, ya que deben asegurarse de que están en la posición correcta para recibir el balón.

Las habilidades clave que hay que tener en cuenta son:

- Mover los pies para ponerse en posición rápidamente.
- Ambos jugadores se mueven constantemente hacia adelante.
- Aumentando la velocidad en el pase y los movimientos.
- Posición del cuerpo correcta para recibir la pelota.
- Amortiguar el balón con un primer toque fuerte.

Desarrollo

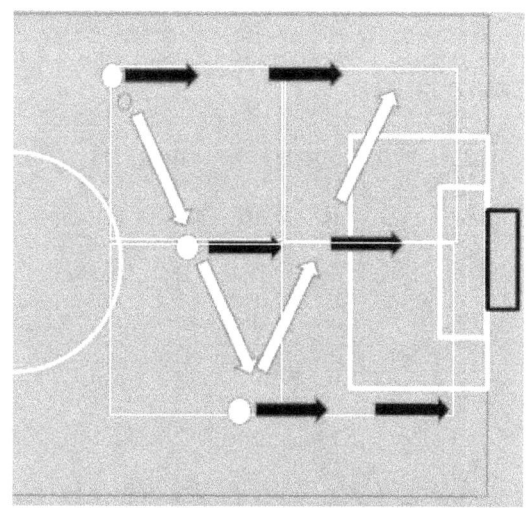

    Este ejercicio puede ser desarrollado añadiendo un tercer jugador. Ahora el jugador central debe recibir el balón a medio giro, girar y pasarlo. La adición de algunos defensas en el centro de las cuadrículas (por lo tanto, otros dos jugadores) asegurará que los pasadores sean precisos y piensen en su entrega, ya que tendrán que hacer un ángulo para sus pases. Los pasadores también pueden buscar doblar el pase usando el exterior del pie, o levantando el balón ligeramente.

    Tanto si se utiliza un defensa como si no, uno de los elementos clave de este ejercicio es la técnica de recibir el balón, amortiguándolo a la llegada para asegurarte de que el primer toque haga que el siguiente pase sea fácil. El desarrollo de esto debe tener prioridad sobre la velocidad, o el defensor ganando el balón. Por lo tanto, cualquier jugador defensivo tendrá que jugar con limitaciones.

Ejercicio Cuatro - Triángulos

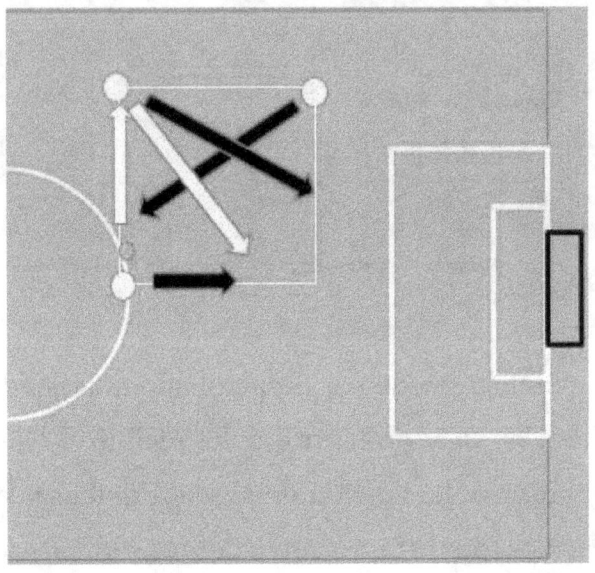

La base para mantener la posesión en el fútbol es hacer triángulos. Usando este método, junto con mucho movimiento de los compañeros de equipo, creará espacios más adelante para pases más peligrosos e incisivos. Esto significa que siempre hay dos pases simples para el jugador en posesión del balón. Para asegurarte de que esto sea así, los jugadores deben estar en movimiento, comprobando los defensas de los oponentes. En este simulacro sin presión, los jugadores deben practicar sobre todo el manejo de la pelota en el suelo, pero también los pases levantados. Una vez que la pelota está fuera del suelo, el control es más difícil, y por lo tanto los jugadores necesitan hacer el triángulo más pequeño en caso de que se pierda la posesión.

Una vez que se han dominado los fundamentos, la introducción de un defensa hace que la práctica sea más realista para la situación del juego.

Las habilidades clave que hay que tener en cuenta son:

- Los jugadores están constantemente en movimiento.
- Pases precisos, y control usando el cuerpo para proteger el balón.
- Comunicación - esto también se hace más realista con la adición de un defensa.
- Amortiguar el balón.
- Pase firme.
- Balón a los pies, o levantado ligeramente. El balón nunca debe ser pasado de una manera que requiera un cabezazo a menos que los jugadores tengan espacio y sean técnicamente fuertes.

Desarrollo

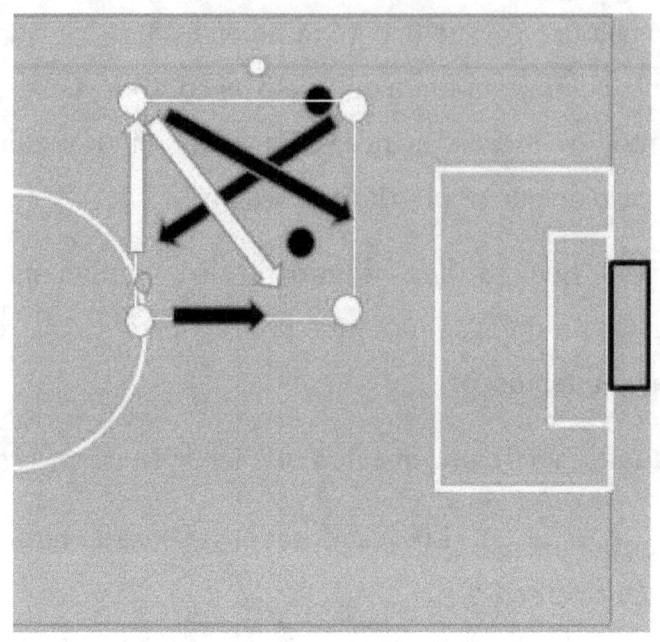

Este simulacro cobra vida con la adición de un atacante extra y dos defensores. Puede ser necesario ampliar el área de juego, a menos que los jugadores sean particularmente fuertes técnicamente, pero el principio del ejercicio desarrollado sigue siendo el mismo.

No es que a los defensores se les den papeles muy específicos - el objetivo del ejercicio es, después de todo, practicar el pase en triángulos, no ganar el balón. Un defensor tiene la responsabilidad de marcar a un jugador (tendrán que cambiar el jugador marcado, ya que de lo contrario el ejercicio sigue siendo 3 v 1 en lugar de 4 v 2). El otro defensor apunta a cerrar el balón.

El movimiento de los jugadores atacantes es esencial para que el simulacro sea efectivo, y deben comunicarse ya que tendrán poco tiempo para encontrar espacio.

Ejercicio cinco- El pase para cambiar de jugada

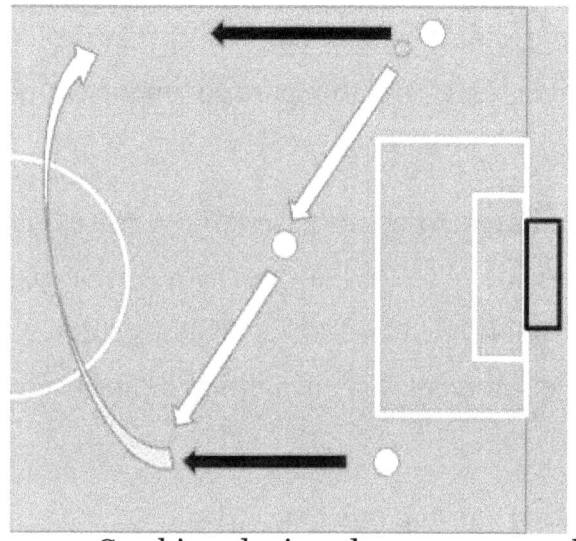

Cambiar de jugada es una excelente manera de crear espacio más arriba en el campo, ya que la unidad defensiva del oponente debe moverse para ajustarse a la nueva posición del balón. También es una estrategia efectiva a largo plazo para asegurar que los oponentes corran más, y por lo tanto estén más cansados al final del juego.

El ejercicio aquí involucra a tres jugadores (aunque se puede añadir un portero atacante, que empieza con el balón y lo distribuye a uno de los defensas). El balón pasa por el jugador central al ala opuesta. Los pases deben ser firmes y precisos, y deben ser controlados rápidamente.

Aunque en una situación de partido, los pasadores suelen estar bajo poca o ninguna presión, sin embargo, cuanto más rápido se cambia el balón, mayor es el desafío para el oponente de reposicionar su defensa.

La parte final del simulacro es un pase largo a través del campo. Este debe ser elevado a velocidad, y es una forma más arriesgada (aunque más rápida) de cambiar de jugada, ya que un pase largo es más fácil de interceptar, y más difícil de jugar con precisión.

Las habilidades clave que hay que tener en cuenta son:

- Pase con fuerza.
- Posición del cuerpo para recibir el balón. El jugador central debería estar a medio giro. El jugador que recibe el pase largo a través del campo debe recibir con el pecho, ya que es probable que llegue por encima del suelo.

- Buena técnica en el pase largo; golpeando con la parte superior (un pase de empeine sobre esta distancia es demasiado lento, y es probable que sea interceptado) e inclinándose ligeramente hacia atrás para lograr altura en el pase.

Desarrollo

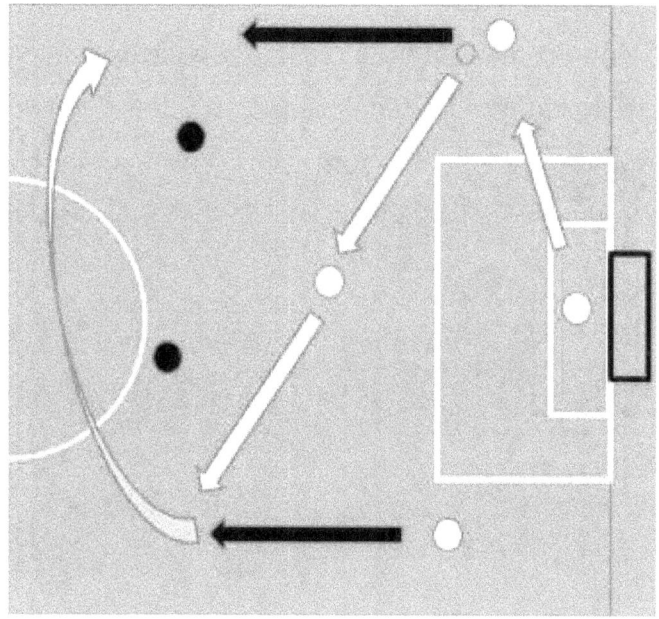

Un desarrollo efectivo para este simulacro es el siguiente. Presenta (si no has utilizado uno) a un portero y dos defensas adversarios. El objetivo del lado que tiene la posesión es cruzar la línea media con el balón bajo control. Está permitido utilizar al portero con un pase trasero si es necesario. Al cambiar el juego, el lado atacante eventualmente desgastará a los jugadores defensivos y creará el espacio que necesitan para lograr su objetivo. En muchos sentidos, este simulacro es una extensión de la actividad "Triángulos" del último simulacro, pero está situado en una situación más realista.

Una vez más, aunque esto se convierte en cierto modo en un ejercicio de equipo, las técnicas individuales de los tipos de pases individuales, el buen control y la comunicación siguen practicándose y mejorándose.

Ejercicios De Pases En Equipo

Ejercicio Uno: Pase cruzado

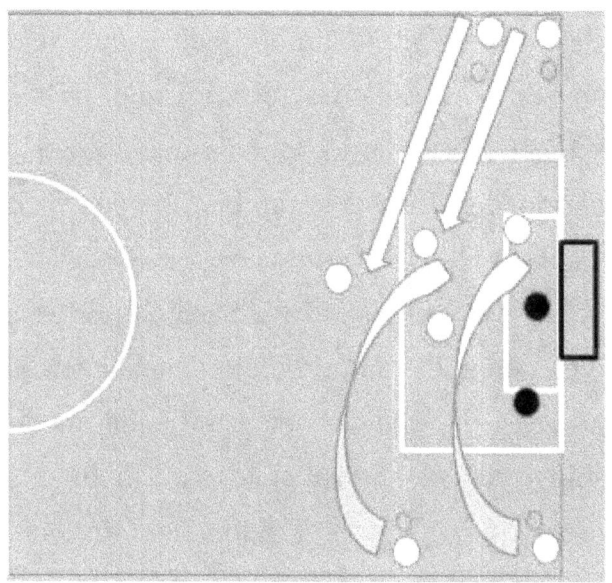

La capacidad de hacer un pase cruzado del balón, ya sea en el aire o a lo largo del suelo, añade una dimensión extra tanto a las cualidades de un equipo como a las del jugador individual. Estos pases son grandes niveladores - cuando hay un abismo en la clase entre los equipos un balón enviado por la línea de banda, o que es conducido a través de la portería causa problemas en cualquier defensa.

El ejercicio de arriba muestra pases cruzados de varias posiciones. El simulacro puede extenderse fácilmente para practicar un cruce de balón parado tanto de tiros libres como de esquinas, y puede incluir tanto el cruce en movimiento como el de un balón parado.

Los jugadores deben trabajar con ambos pies, y en patear balones parados, así como en el movimiento de los mismos. Deben practicar los tiros cerrados (pie izquierdo del lado derecho y pie derecho del lado izquierdo del campo) y también en los tiros abiertos (opuestos a los anteriores.) El primero de ellos es más fácil para el lado atacante, ya que el balón se dirige hacia la portería, pero también más fácil de defender ya que el balón vuela hacia la región del portero, además de que la defensa puede meter jugadores en esa zona tan apretada. Un tiro abierto normalmente significa un cabezazo más duro, ya que el balón tiene que ser dirigido hacia la meta. Sin embargo, a menudo habrá menos presión (aunque todavía considerable) sobre el atacante. El que se quede fuera crea una decisión para el portero, ya que debe decidir si puede ponerse en una posición clara de captura o de golpeo para despejar el peligro. Si lo intenta y falla, corre el riesgo de quedar fuera de posición para el posterior intento de gol.

Los números son flexibles para este ejercicio, pero es aconsejable sobrecargar a los atacantes ya que el propósito de la práctica es crear oportunidades de gol. Demasiados defensas y las posibilidades de que un atacante llegue al final del centro se reducen.

Las habilidades clave que hay que tener en cuenta son:

- Balón parado - ritmo y desvío. La pelota debe ser golpeada con la parte delantera de los tacos, con el pie bajo la pelota y con un buen seguimiento para generar energía.
- Despejar el poste cercano (ya que esta zona suele estar marcada por la defensa) pero no tan potente como para que el balón vaya más allá de los atacantes.
- Variedad, así que a veces es bueno tirar del balón hacia atrás para que un centrocampista que llega al área cambie el ángulo de ataque.
- Balón en movimiento - Cruce aéreo; usando los brazos para mantener el equilibrio e inclinados ligeramente hacia atrás para generar altura; la parte frontal frente de los tacos deben golpear la pelota de forma baja y limpia.

- Un cruce bajo y conducido - buena toma de decisiones - si la defensa está en posición entonces el cruce se cortará si se conduce a través de la portería.
- Tirar hacia atrás para que los jugadores corran, sacando al portero de la ecuación ya que no puede alcanzar el balón.
- Normalmente cerca del poste, ya que esto le da menos posibilidades al portero y significa que la defensa tiene menos tiempo para organizarse. Un autogol con fuerza es un resultado regular, ya que los defensores luchan por lograr una posición en línea para despejar.

Desarrollo

Hay muchas maneras de desarrollar el ejercicio. Empezando con el balón más a lo profundo y realizando un pase largo crea una situación en la que la defensa tiene menos tiempo para organizarse. Establecer una línea de fuera de juego clara (normalmente, en la situación de juego, habría más defensores y posiblemente menos atacantes si el centro viene de una jugada abierta) añade realismo.

El simulacro también se puede adaptar para tiros rectos al arco desde tiros libres. Aquí, la pelota debe ser colocada en diferentes posiciones para cambiar el ataque. La mayoría de los equipos tendrán uno o dos especialistas en balones parados que harán tiros libres en el rango de tiro, y tal vez tiros de esquina.

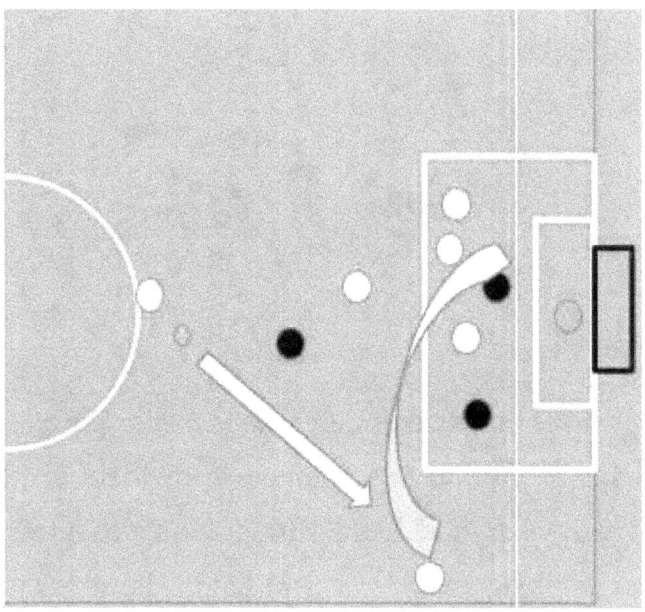

Ejercicio dos: Retener la posesión y pases frontales

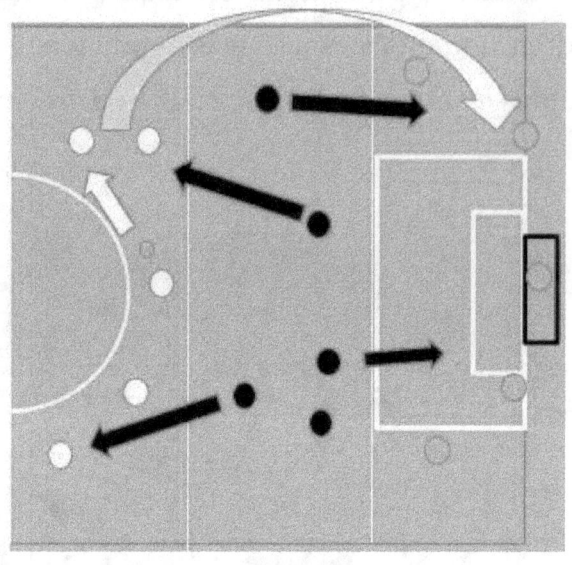

Este es uno de mis ejercicios favoritos porque trata muchos problemas de fútbol. Los equipos se dividen en tres grupos de cinco o seis, y la mitad de un campo se divide en tres secciones. El objetivo es el siguiente: pasar el balón de un sector a otro. Sin embargo, los jugadores de la sección media tratan de detener esto. En este ejercicio, se permite que hasta dos jugadores salgan de la sección central para presionar el balón e impedir que se haga el pase al otro extremo. Los tres o cuatro jugadores restantes (negros, en el diagrama de arriba) intentan interceptar el pase. Si no tienen éxito, se convierte en la tarea del equipo del otro extremo (gris, arriba) hacer el pase de vuelta al equipo blanco. De nuevo, dos miembros del lado negro se mueven para presionar el balón tan pronto como entra en la zona de los grises.

Si el balón se sale del juego, es interceptado o el pase cruzado no tiene éxito, el equipo en el medio intercambia con el equipo que no logró hacer el cruce.

Las habilidades de pase corto y largo se practican en un ambiente semi presionado, la comunicación es esencial, tanto de las unidades atacantes como de las defensoras. Es necesario tomar una decisión, para elegir el momento de hacer el pase largo. El control es necesario, especialmente al recibir el pase largo, ya que el equipo central puede presionar el balón tan pronto como éste entra en la zona de anotación, y los jugadores deben tomar decisiones sobre cómo pueden apoyar mejor al compañero que recibe el balón.

Las habilidades clave que hay que tener en cuenta son:

- Pases cortos por el suelo.
- Uno o máximo dos toques para controlar y pasar.
- Compañeros de equipo poniéndose en posición de apoyo.

- Comunicación tanto de ataque como de defensa, con las mejores decisiones tomadas (si eres el entrenador, prepárate para parar la sesión regularmente para señalar las buenas y las malas prácticas).
- Una variedad de pases, cortos, largos, elevados y a lo largo del suelo.

Desarrollo

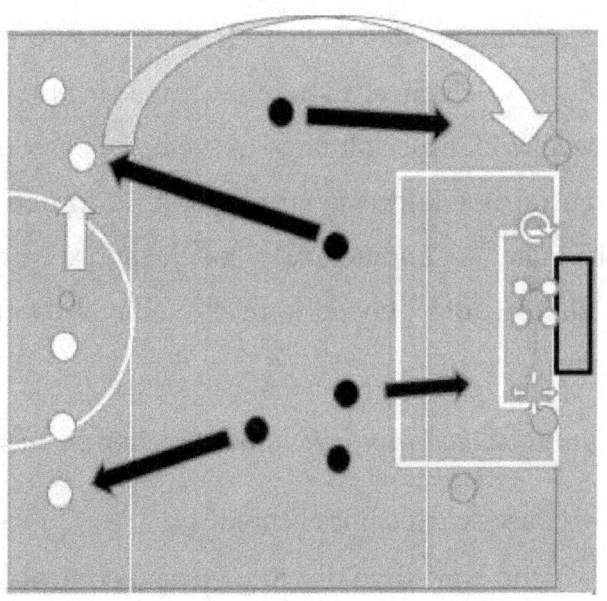

Hay muchas maneras de desarrollar la práctica. Ampliar el tamaño del área central y reducir el área de las secciones finales pone más presión en el control del balón, y significa que los pases, tanto cortos como largos, deben ser apretados. No hay lugar para el descontrol. Se puede añadir un tiempo límite para crear presión lo que ayuda a la práctica, por ejemplo, patear la pelota rápidamente durante la transición. Por ejemplo, el pase largo puede ser requerido dentro de cuatro toques en total, o dentro de cinco segundos de recibir el balón. Igualmente, los equipos pueden practicar quitando el ritmo del juego con una serie de pases. Para agregar esto, sólo se permite un defensor en la zona de anotación, y, por ejemplo, puede solicitarse que todos los jugadores toquen el balón en ese equipo.

La mejor manera de desarrollar este excelente ejercicio es jugarlo, e identificar las áreas de debilidad en las habilidades de equipo e individuales. El ejercicio puede entonces ser adaptado para trabajar en esas deficiencias. Es una buena recomendación utilizar este ejercicio regularmente, en la mayoría o en todas las sesiones de práctica. La calidad de los pases del equipo, y la retención de la posesión aumentará, así como la ventaja añadida de que el equipo trabaje en la presión del balón.

Ejercicio tres: Pasar a la defensa

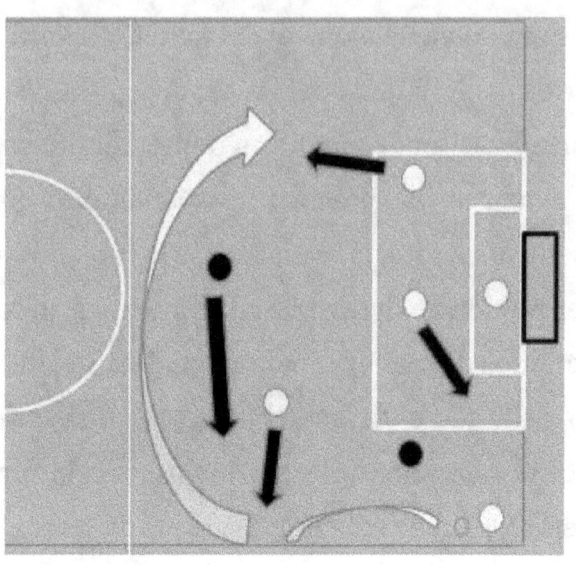

Una habilidad grupal muy importante para cualquier equipo, la habilidad de pasar a la defensa significa que el balón entra en la mitad del oponente bajo control. Ciertamente, hay momentos en los que sólo es necesario despejar el balón, pero generalmente un lado que puede construir un ataque desde atrás tiene más posibilidades de éxito. Por favor, ten en cuenta que este ejercicio no es adecuado para construir un ataque, que es un escenario diferente que requiere velocidad de los jugadores y una rápida transferencia del balón hacia adelante.

En la situación en la que estamos trabajando aquí, el balón se juega con control, creando jugadores de repuesto que pueden recibir el balón sin demasiada presión. Un pase atrás al portero es una opción desde la que se puede empezar de nuevo el movimiento si algo sale mal.

El simulacro involucra a cinco jugadores atacantes (blancos) incluyendo un portero. Dos defensores - en la situación del partido estos serán los delanteros y los mediocampistas en la mayoría de las ocasiones - tratan de cerrar el espacio e interceptar el balón.

El ejercicio comienza desde cualquiera de las dos líneas de banda, en una posición defensiva en algún lugar en línea con el área de penalización. Un jugador corre hacia la línea de banda para un pase largo en la línea. Otro jugador se queda rezagado ante el hombre en posesión para hacer un triángulo.

El balón se eleva por la línea y luego se pasa a través del campo, ya sea a través de un jugador central o, si hay espacio, un pase largo. La paciencia es la clave, y si se pierde el control, o los jugadores que presionan son efectivos en el cierre del espacio, entonces la pelota se deja atrás para comenzar el proceso una vez más.

El objetivo es conseguir que el balón pase la línea de mediocampo bajo un buen control.

Las habilidades clave que hay que tener en cuenta son:

- Un buen primer toque
- El movimiento continuo del equipo para crear espacio
- La capacidad de hacer pases elevados precisos y pases cortos en el suelo
- Confianza. Es difícil de evaluar, pero buscamos jugadores que estén dispuestos a dar un toque extra y a patear el balón hacia atrás si es necesario. Se trata de crear confianza entre los jugadores defensivos de que son lo suficientemente buenos para hacer algo más que hacer un pase largo y sin rumbo hacia adelante, muy probablemente regalando la posesión.

Desarrollo

Este ejercicio puede desarrollarse con la adición de un jugador defensivo extra para crear una situación en la que haya un empuje adicional del balón. Aquí, el hombre adicional y el portero se vuelven aún más importantes. El objetivo es hacer pases más cortos para reducir las posibilidades de una interceptación, creando un solapamiento desde el lateral opuesto para cruzar la línea de mediocampo con el balón bajo control.

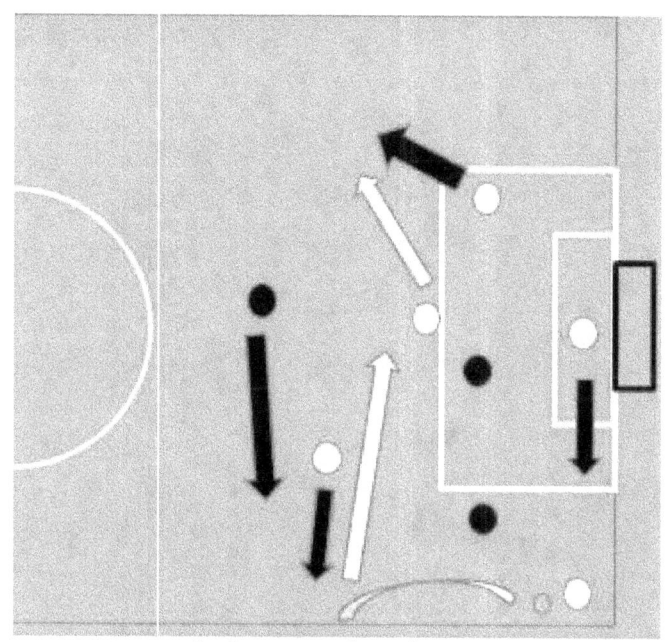

La práctica regular de estos ejercicios permitirá a los jugadores desarrollar la confianza para jugar con el balón y tomar decisiones para lanzar sus ataques controlados con éxito fuera de la defensa.

Ejercicio cuatro: Creando oportunidades de disparo

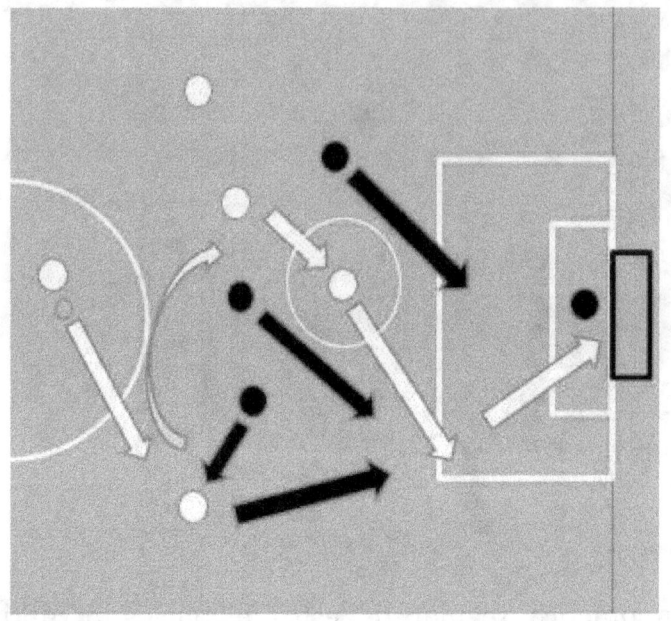

Este ejercicio es en realidad más fácil de lo que parece. La clave es el jugador dentro del círculo. Este jugador tiene una "zona de protección" de dos metros en la que los defensores no pueden entrar. Además, hay cinco atacantes (incluyendo el que está protegido) contra tres defensores y un portero. El objetivo es crear un espacio para un tiro a puerta a través de una eficaz carrera detrás de la pelota.

En el ejemplo anterior (el ejercicio puede ser variado para poner a otros jugadores en posiciones de tiro), el balón se pasa a lo largo dejando atrás a la defensa, y luego se cambia en el campo. El jugador que hace este pase largo continúa su carrera hacia el cuadro. El balón se le pasa al jugador del círculo, que se lo entrega al jugador que hace la carrera. Este jugador dispara.

En las primeras etapas, especialmente para los jugadores menos experimentados, en el momento en que el jugador protegido hace su pase, el oponente debe detenerse (se excluye al portero). Esto permite la práctica del objetivo, es decir, conseguir un tiro a puerta.

A medida que los jugadores se vuelven más hábiles en el ejercicio, el movimiento defensivo puede volver a entrar en juego.

Las habilidades clave que hay que tener en cuenta son:

- Movimiento de la pelota.
- Pase rápido de uno o dos toques. El ritmo tiene que ser inyectado en el movimiento para superar a los defensas.
- El jugador protegido recibe el balón a medio giro.

Desarrollo

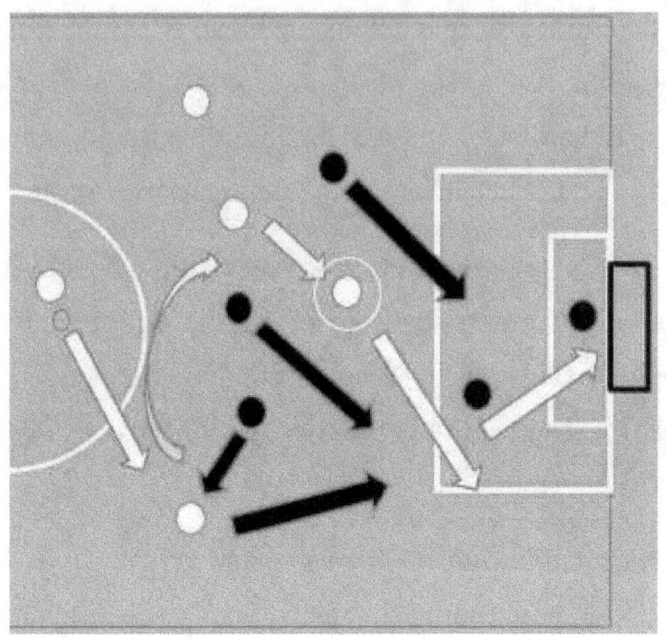

Un defensor adicional, reduciendo el tamaño de la zona protegida y permitiendo un movimiento completo de los jugadores defensivos son todas formas de desarrollar el ejercicio, acercándolo a una situación de la vida real.

Ejercicio cinco: Partido

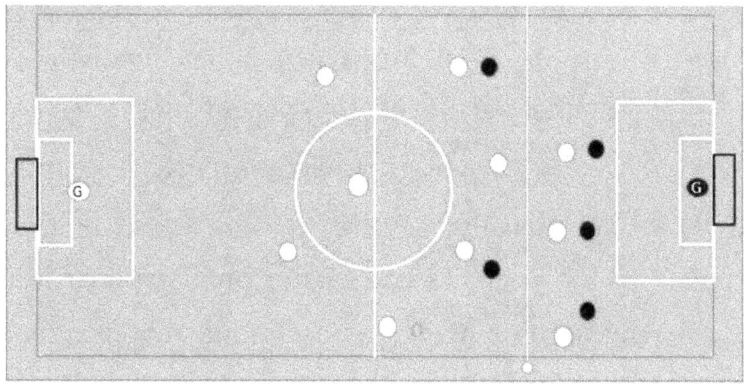

Una vez dominadas las técnicas básicas, es útil probarlas en la situación del partido. Sin embargo, la situación del partido debe ser controlada para permitir el desarrollo de las habilidades necesarias para lograr el objetivo del simulacro. En este caso, el objetivo es crear oportunidades de gol.

En este ejercicio un equipo completo juega con cinco defensores y un portero. La mitad de ataque del campo se divide en dos. Las restricciones se aplican de la siguiente manera:

- No hay jugadores defensores en la mitad del atacante. Esto significa que los blancos (atacantes) siempre tienen la oportunidad de empezar su movimiento de nuevo jugando el balón de nuevo en su mitad. Esto fomenta la paciencia y mantiene la posesión.

- El área entre la línea de medio camino y la línea "artificial" sólo permite dos defensores.
- El área hasta la portería permite sólo tres defensores.
- El entrenador puede aplicar límites al número de atacantes permitidos en esta zona para que el simulacro sea lo más realista posible para la situación del partido.

El lado ofensivo emplea las técnicas de pase – sencillo, cruzado, con giro, etc. que han practicado creando oportunidades para tiros a puerta.

Las habilidades clave que hay que tener en cuenta son:

- El equipo atacante decide cuándo pasar al último cuarto. Vale la pena que el entrenador pare el juego de vez en cuando para señalar las buenas prácticas y donde se podrían tomar mejores decisiones.
- Asegurar que se creen triángulos.
- Asegurar el control sea bueno, con el estímulo de recibir el balón a medio giro.

- El balón se mantiene en el suelo, hay espacio para hacerlo.
- La técnica individual en el control y el pase.

Desarrollo

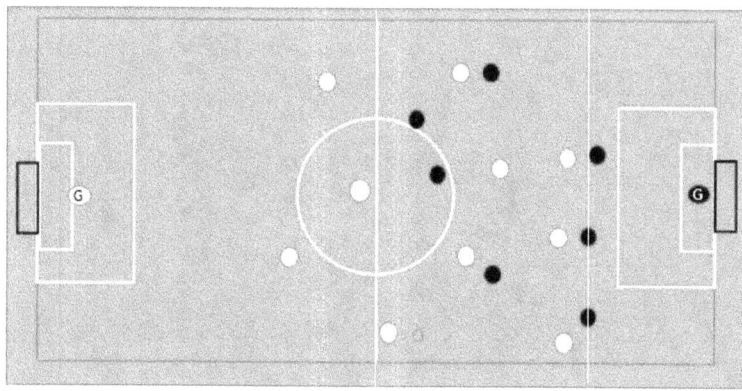

La adición de defensas adicionales y el aumento de las áreas en las que pueden moverse, añaden más presión al lado atacante, haciendo que el juego se acerque más a una situación real de partido.

Ejercicios de Posesión Individual

Ejercicio uno: Caos

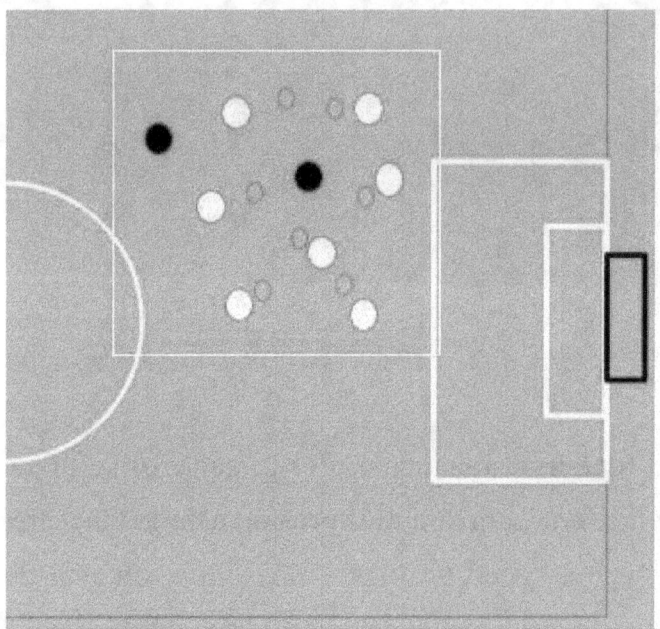

Este es un excelente ejercicio de calentamiento, que anima a los jugadores a conservar el balón. Prepara una gran cuadrícula, tal vez 15m x 15m (o usa un área de penalización).

El número de jugadores involucrados es flexible, pero seis o siete jugadores en posesión contra dos oponentes funciona bien.

El objetivo es que los oponentes pateen los balones fuera de la cuadrícula, mientras que los jugadores en posesión intentan mantener su balón. Una vez que lo han perdido fuera de la cuadrícula, se convierten en defensores, tratando de robar la posesión a los jugadores restantes. Los jugadores en posesión deben estar moviéndose todo el tiempo.

Las habilidades clave que hay que tener en cuenta son:

- Usar el cuerpo para proteger la pelota. Asegúrate de que el cuerpo está entre la pelota y el oponente, jugando de lado al interceptador para establecer la mayor distancia posible.
- El empleo de habilidades individuales para mantener la posesión, como las pedaladas, giros Cruyff, etc.
- Los jugadores deben identificar los espacios que se encuentran lejos de sus oponentes y driblar hacia ellos.
- Cabeza arriba mientras hacen un drible - con tantos jugadores en un espacio corto, los jugadores necesitan desarrollar una conciencia espacial.

Desarrollo

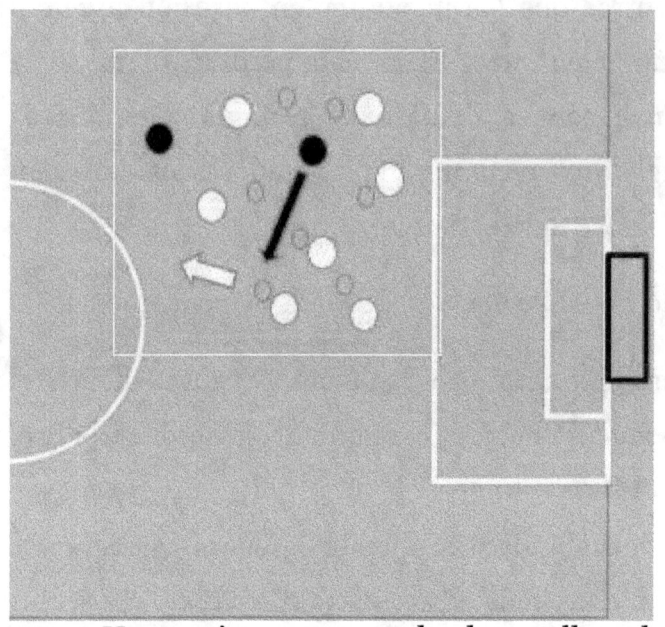

Hay varias maneras de desarrollar el juego; reducir la cuadrícula o añadir más jugadores lleva a una presión adicional que necesita un control más estricto para mantener la posesión.

Una forma interesante (mostrada arriba) de desarrollar el ejercicio es permitir a los barredores ganar la posesión del balón, en lugar de simplemente patearlo fuera de la cuadrícula.

Ejercicio dos: 1 vs 1

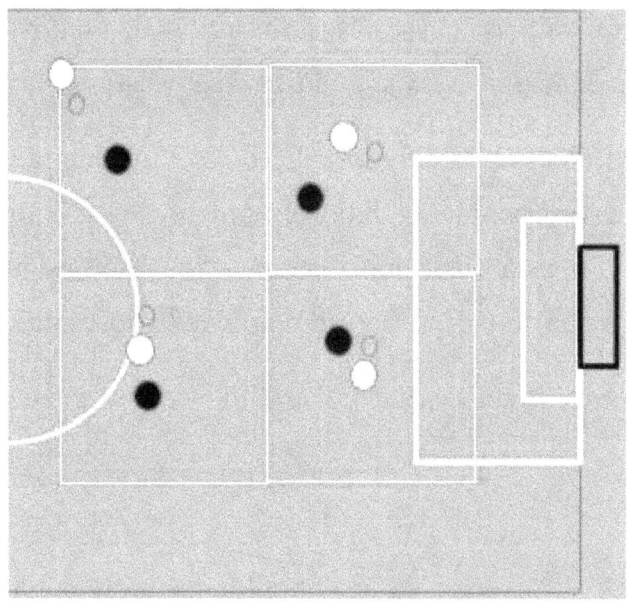

Este es un ejercicio agotador, pero que llevará a un rápido desarrollo de las habilidades de posesión. Las cuadrículas se reducen en tamaño a 5m x 5m. En la cuadrícula hay un partido 1 vs 1 donde el objetivo es mantener la posesión. El jugador blanco intenta mantener el balón mientras el oponente (círculo negro) intenta ganar la posesión.

Con jugadores más jóvenes, se puede usar un sistema de puntos que mantendrá el interés y animará al barredor a hacer algo más que simplemente patear el balón fuera de juego. Si el balón sale del cuadro, la posesión cambia y se otorga un punto al barredor. Sin embargo, si la posesión cambia de manos, se otorgan tres puntos. Hay una ventaja añadida a este sistema.

Inevitablemente, el desacuerdo se producirá cuando la pelota no esté claramente bajo el control de cualquiera de los jugadores. En esta situación, anima a los propios jugadores a averiguar lo que constituye la retención de la posesión.

Las habilidades clave que hay que tener en cuenta son:

- Mantener el cuerpo entre el oponente y el balón.
- Usar habilidades individuales, como la pedalada, o dejar caer el hombro y moverse hacia el otro lado, para vencer a un oponente y mantener la posesión.
- Asegúrate de que el barredor se adhiere a las reglas del juego.

Desarrollo

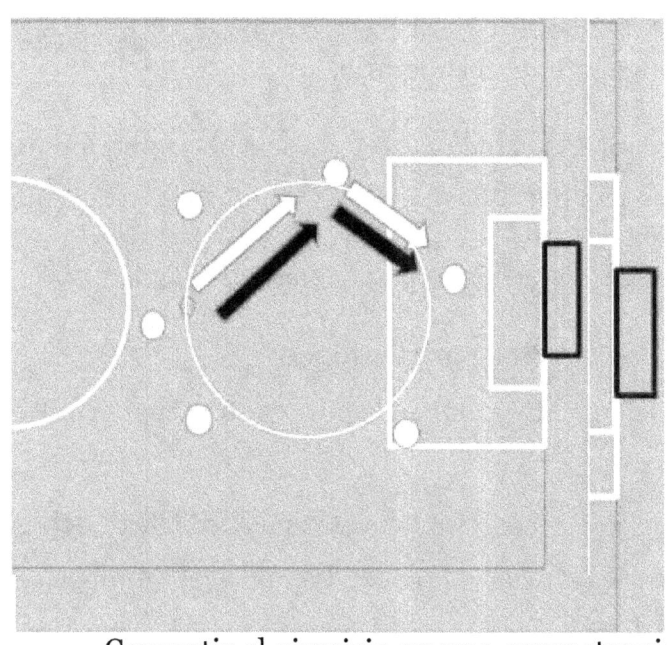

Convertir el ejercicio en una competencia 2 vs 2 cambia la dinámica, y añade un interés adicional al poner en juego los pases. Los jugadores deben haber aprendido bastante rápido a mantener el balón 1 contra 1, pero es más difícil contra dos oponentes. Ahora necesitarán comunicarse, encontrar espacio y aprender a estar disponibles para el pase.

Ejercicio tres: Persecución

Este es un divertido ejercicio de posesión que se centra en mantener el balón a través de pases en lugar de un control cercano.

Seis jugadores están en el exterior de un gran círculo. El primer jugador pasa la pelota a otro en el exterior del círculo. Entonces él o ella sigue la pelota e intenta recuperarla.

El receptor controla el balón y se lo pasa a otro compañero, y luego persigue ese pase.

Las habilidades clave que hay que tener en cuenta son:

- Buen primer toque.
- Jugadores en puntas de pie para recibir el pase.
- Los jugadores más hábiles deben buscar disfrazar el pase, bajando el hombro, o usando sus ojos para engañar al retador en carrera.

Desarrollo

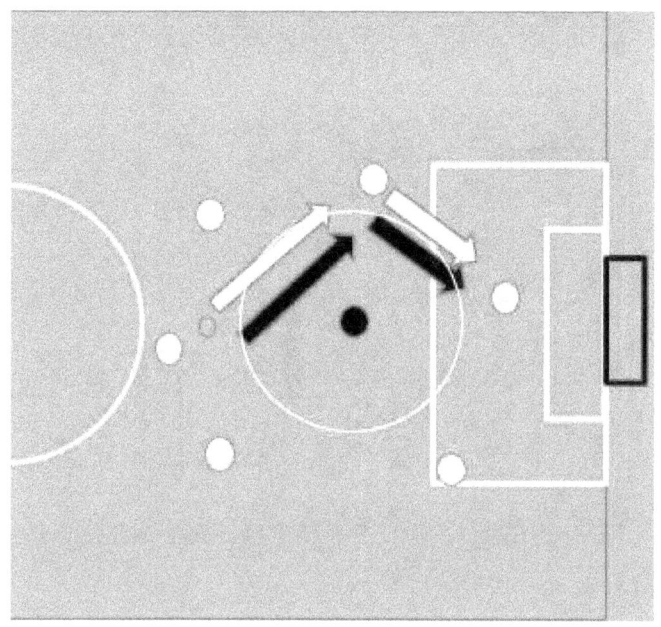

Este ejercicio puede hacerse más difícil reduciendo el tamaño del círculo. Esto significa que el primer toque del receptor tendrá que ser perfecto. Además, se puede añadir un defensor cuyo trabajo es interceptar el pase. Esto reduce las opciones para el primer jugador, y anima a los receptores a ser más móviles.

Ejercicio cuatro: Posesión en la cuadrícula

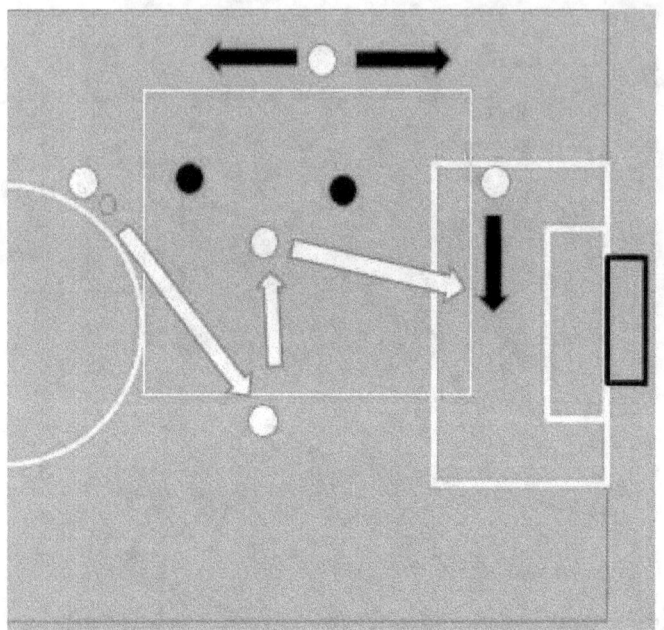

Un ejercicio que ofrece una variación basada en un número de ejercicios hechos en una cuadrícula. Aquí, el objetivo es retener la posesión - es bueno establecer un objetivo de veinte pases. Hay cinco atacantes, uno a cada lado de la cuadrícula de 10 x 10 metros, más uno dentro de la cuadrícula.

Hay dos defensas.

El objetivo es mantener la posesión al pasar, ya sea un pase corto hacia el centro, o alrededor del exterior de la cuadrícula. Anima a los jugadores a que se muevan para dividir a los defensores, para que siempre haya un pase fácil. Esta es una actividad de ritmo rápido, con los jugadores moviendo su cuerpo y el balón para crear el espacio para el pase.

Las habilidades clave que hay que tener en cuenta son:

- Paso firme por el suelo.
- Un buen primer toque, amortiguando el balón y preparándolo para el siguiente pase.
- Recibir el balón a medio giro siempre que sea posible.
- El jugador central, en particular, recibe el balón de modo que su cuerpo esté protegiéndolo.

Desarrollo

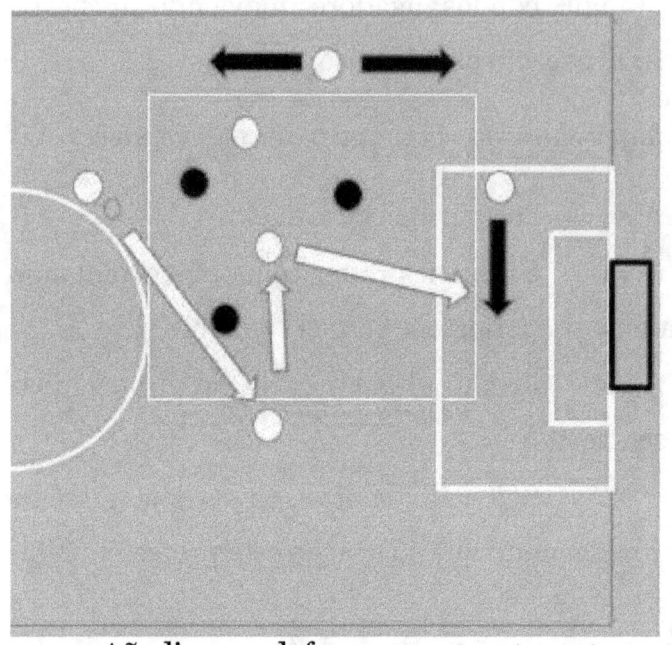

Añadir un defensor y un atacante extra dentro de la cuadrícula lo convierte en una actividad más desafiante. Los principios necesarios para retener la posesión no han cambiado, pero hay menos tiempo y espacio dentro del campo.

Ejercicio cinco: Habilidades individuales

En algún momento durante una sesión, a menudo al principio, o quizás cuando hay un enfoque en una parte específica del equipo, y otros necesitan una actividad para mantenerlos trabajando, un circuito de habilidades es una buena idea.

Dales a los jugadores su propia pelota, ya que es una actividad muy individual. Coloca conos para driblar, con otro conjunto más alejado para trabajar en la carrera hacia el espacio. Dispón de un área para hacer malabares, una meta para driblear uno a uno con un portero y cualquier otra actividad apropiada para atender las necesidades específicas de los jugadores.

Esta sesión puede terminar con una sesión de malabarismo en grupo, por ejemplo, manteniendo la pelota fuera del suelo a través de voleas, cabeceos, pecho, etc., pasando a los compañeros de equipo. Establece un objetivo de diez malabares por equipo, especialmente con grupos más jóvenes, donde un desafío proporciona una gran motivación.

Ejercicios De Posesión En Equipo

Ejercicio Uno: Pase corto y largo para crear espacio

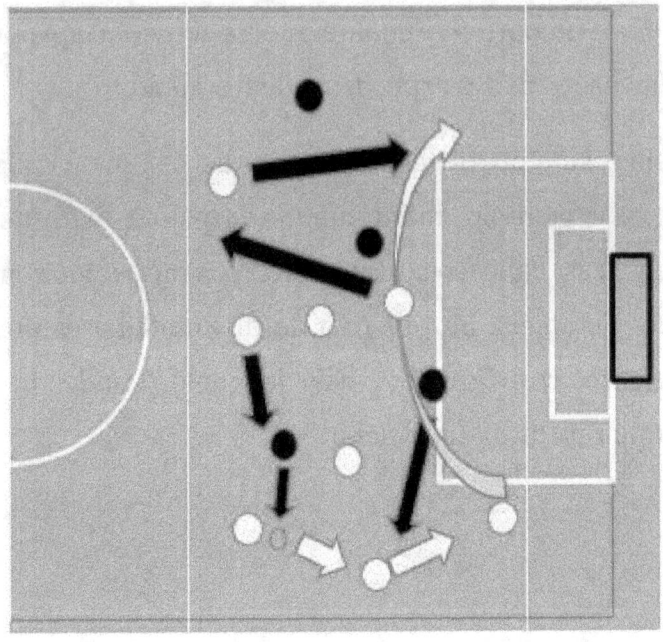

Este ejercicio tiene como objetivo ayudar a un equipo a crear espacio jugando una serie de pases cortos para sacar a la defensa de su posición, creando espacio para el pase largo para que un jugador corra hacia él. Es un juego de 8 contra 4, que se juega en un área grande, por ejemplo, un cuarto de campo, jugando a través del campo.

Como en la mayoría de los ejercicios, el toque, la precisión del pase, la toma de decisiones, el movimiento y la comunicación son esenciales para lograr el éxito.

Las habilidades clave que hay que tener en cuenta son:

- Pases cortos que son precisos, y uno o dos toques.
- Movimiento del balón para crear espacio.
- Comunicación.
- Un pase preciso y elevado para mover el balón hacia arriba del campo.

Desarrollo

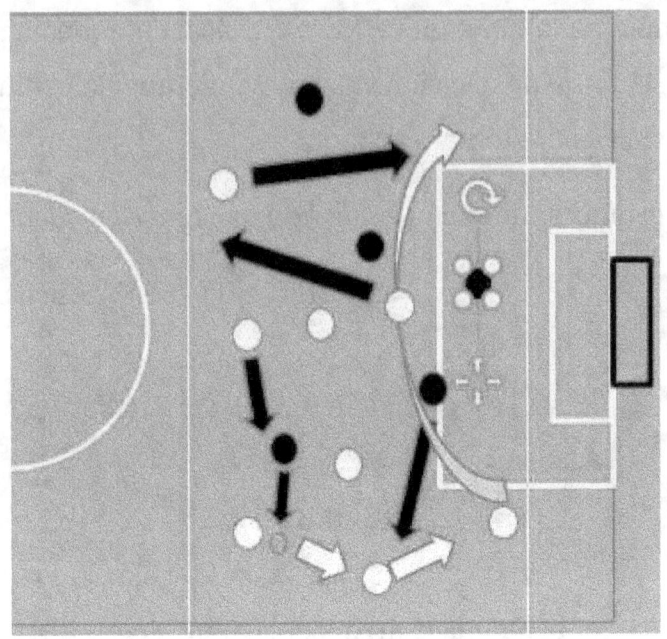

La adición de un defensor extra hace el ejercicio más difícil, pero aun así es posible. El área del campo puede ser acortada, pero debe ser lo suficientemente grande para permitir el pase largo.

Ejercicio dos: 5 vs 2 Uno o dos toques

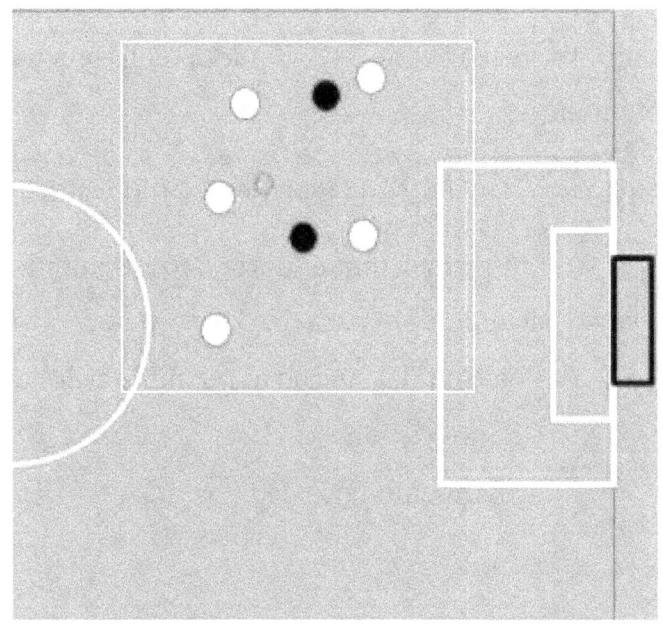

Mantener la posesión como equipo bajo presión es, por supuesto, sustancialmente más difícil que hacerlo con espacio. Por lo tanto, uno de los objetivos de este simulacro es mover la pelota rápidamente para crear ese espacio. El ejercicio emplea una cuadrícula de 15m x 15m con un juego de 5 vs 2 en su interior. El objetivo es mantener la posesión a través de la creación del espacio. El espacio se crea con un pase rápido, uno o dos toques, un buen primer toque y mucho movimiento y comunicación.

Para los jugadores más jóvenes, o menos capaces, puede ser necesario limitar el rango de barridas permitidos para la defensa hasta que la confianza y el toque se fortalezcan.

Este simulacro va bien cuando es rápido, con mucha comunicación y movimiento.

Las habilidades clave que hay que tener en cuenta son:

- Un primer toque fuerte, amortiguando el balón y posicionándolo para un pase rápido.
- Posición del cuerpo al recibir la pelota.
- Comunicación
- Movimiento lejos de la pelota.

Desarrollo

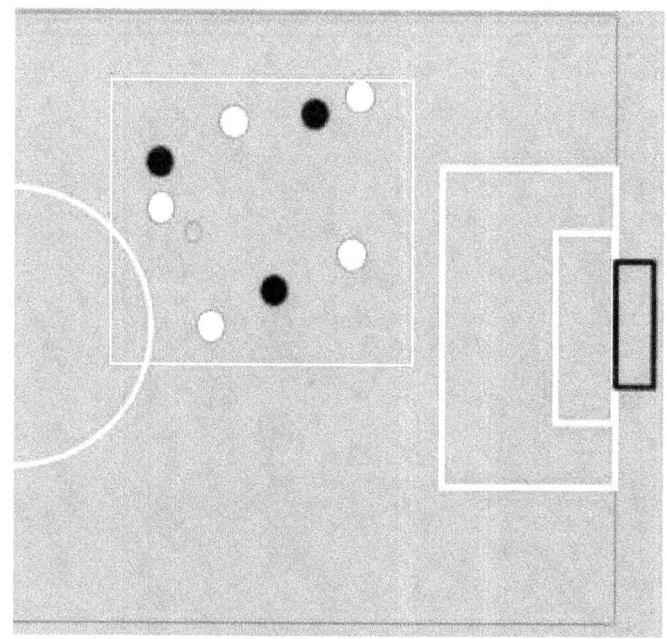

Hay varias formas de desarrollar esta actividad. Introducir un defensor extra funciona bien, aunque este jugador a menudo tendrá que ser impedido de interceptar el pase, ya que no hay suficiente espacio en la cuadrícula para permitirlo. Otro método es reducir el tamaño del área de juego, permitir el pase de un solo toque y así sucesivamente.

Ejercicio tres: Juego controlado

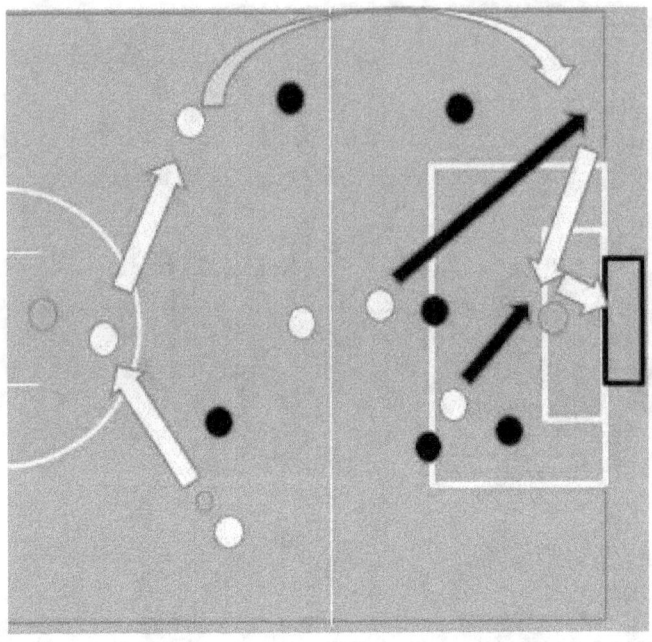

Este ejercicio combina pases cortos para atraer a los defensores y hacer espacio, con inyecciones de velocidad para intentar marcar. Un medio campo con una portería en cada extremo, y una línea central. Es 7 contra 7, con restricciones.

Cada lado tiene un portero; cuatro defensores, que sólo se permiten en su mitad, y dos atacantes, que sólo se permiten en la mitad del campo del oponente.

Los pases cortos crean espacio para un pase más largo. El movimiento de los atacantes crea espacio para un ataque rápido. Aunque los movimientos de los jugadores están restringidos, el balón puede ser pasado por cualquier lugar

Las habilidades clave que hay que tener en cuenta son:

- Comunicación.
- Correr lejos de la pelota.
- Estos dos son esenciales en este juego, ya que los atacantes están muy superados en número y necesitarán atacar con rapidez y precisión. Por lo tanto, el pase a ellos debe ser de la más alta calidad.

Desarrollo

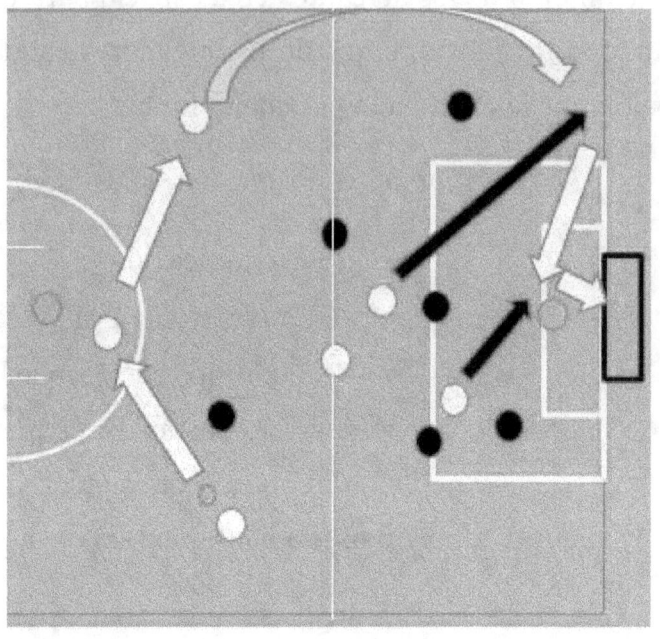

Este ejercicio puede desarrollarse permitiendo que un jugador de cada lado juegue en cualquier lugar, y se mueva entre zonas. En primer lugar, puede ser un jugador designado, luego el ejercicio puede avanzar para permitir que cualquier jugador se mueva entre zonas, pero sin que ninguno de los dos equipos tenga más de cinco jugadores (más el portero) en la zona de defensa y tres en la de ataque. Esto hace que el ejercicio sea más fluido, y más parecido a una situación de partido real.

Ejercicio cuatro: Los de chaleco

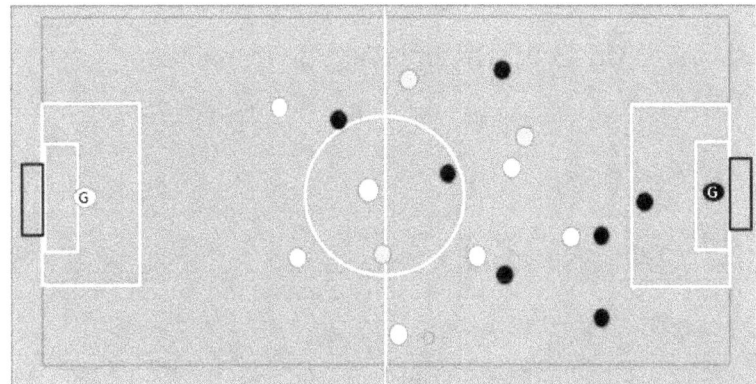

Los dos últimos ejercicios implican el uso del campo completo. El primero, arriba, está ponderado para dar al equipo en posesión una ventaja numérica, facilitándole el mantenimiento de la posesión y la creación de espacio.

Cada equipo tiene ocho jugadores, y cada lado tiene un portero. Otros tres jugadores, los de chaleco, también juegan. Usando una camisa diferente, o un chaleco, siempre juegan para el lado que tiene la posesión.

Desarrolla el juego como en un partido normal, jugando durante unos veinte minutos para permitir que el juego se desarrolle. (podría ser necesario cambiar a los de chaleco, ya que ellos se encargarán de correr más, jugando para ambos equipos.)

Las habilidades clave que hay que tener en cuenta son:

- *Los de chaleco*: Encontrar el espacio durante la transición de la posesión.
- *Otros*: Concéntrate en la fase de transición.
- Revisa las técnicas estándar descritas a lo largo de este libro.

Desarrollo

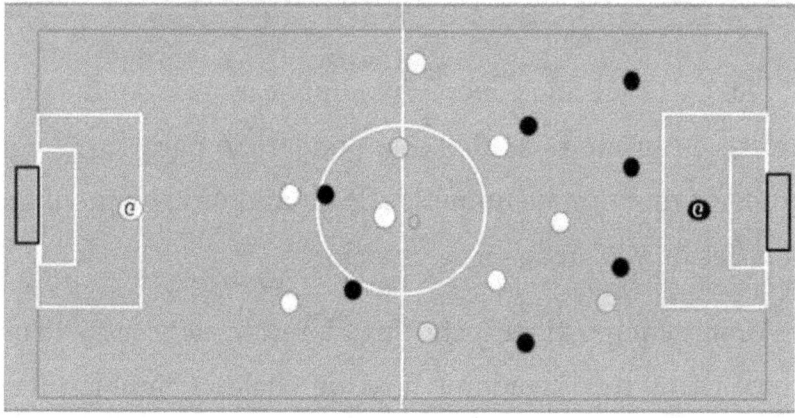

Identifica qué elementos del trabajo de los jugadores necesitan más atención. Si se les dificulta el control, tal vez agrega una regla que prohíba las barridas. Si a los jugadores les resulta difícil introducir velocidad en sus ataques, haz que el juego tenga un toque o dos. Si los jugadores regalan la posesión con demasiada facilidad, agrega una regla de cinco pases en la que debe haber cinco pases en corto antes de que la bola se mueva al punto de transición. Restringe a los defensores durante esos cinco pases.

Ejercicio cinco: Partido

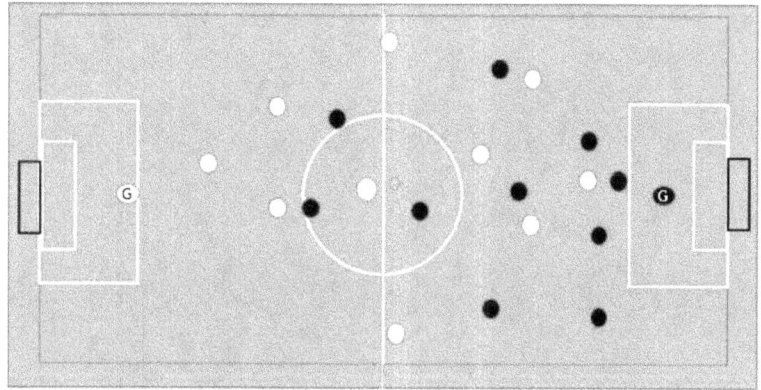

¡A todo el mundo le gusta un partido! A menudo, las sesiones de práctica terminan con un juego completo. Pero aprovecha el entusiasmo de los jugadores para esto ofreciéndoles un enfoque. Puede ser en mantener la posesión (con jugadores más jóvenes, otorga "goles" por, digamos, cinco buenos pases seguidos), o cambios de jugadas.

Prepárate para detener los partidos para señalar que lo están haciendo bien, o para resaltar los errores o la debilidad táctica (sin molestar a los individuos).

Que el partido para finalizar el entrenamiento sea divertido - los jugadores están ahí para divertirse, pero introduce puntos de ejercicio relevantes para el enfoque de la sesión que el entrenador acaba de ejecutar.

Conclusión

Cuando jugamos al fútbol, lo hacemos por muchas razones: nos ayuda a mantenernos en forma y sanos, está el placer que proviene de ser parte de un equipo, que es donde el fútbol gana sobre los deportes individuales como el squash o el tenis. Existe la posibilidad de satisfacer los instintos competitivos que la mayoría de nosotros tenemos, y existe la camaradería luego del partido. El fútbol nos da la oportunidad de divertirnos de verdad, y es a la vez el más complejo de los deportes, con tácticas y técnicas de alto nivel, pero al mismo tiempo uno en el que podemos jugar a cualquier nivel, necesitando sólo un balón (y quizás un par de palos que actúen como postes de portería).

Ese elemento de diversión es crucial; cuando el juego deja de ser una alegría, entonces tal vez sea el momento de pasar nuestro tiempo haciendo algo más. Pero este deseo absolutamente apropiado de divertirse no contradice el deseo de jugar el juego al más alto nivel posible. Para ello, podemos tomar la delantera de los equipos profesionales, con sus (a menudo) jugadores altamente pagados. Podemos usar los ejercicios y motivaciones que llevan a estos proveedores del deporte a la cima del árbol del fútbol.

Eso es algo bueno. Los ejercicios y prácticas, el énfasis en el trabajo en equipo para los pases y la posesión que hemos planteado en este libro nos ayudarán a todos a ser mejores jugadores o entrenadores más eficaces.

Hemos ofrecido aquí el esquema básico de los ejercicios. Los mejores entrenadores y los jugadores más eficaces van un paso más allá, adaptando los ejercicios básicos a las necesidades de su propio equipo y sus componentes. Idearán variaciones que permitan centrarse en las necesidades particulares de su equipo.

Diviértete entrenando, jugando y viendo el deporte más popular del mundo.

www.ingramcontent.com/pod-product-compliance
Lightning Source LLC
Chambersburg PA
CBHW071535080526
44588CB00011B/1677